JONNY JACKSON, ELIAS LARSEN

Lagom

Bibliografische Information der Deutschen Nationalbibliothek:
Die Deutsche Nationalbibliothek verzeichnet diese Publikation in der Deutschen Nationalbibliografie; detaillierte bibliografische Daten sind im Internet über http://d-nb.de abrufbar.

Für Fragen und Anregungen:
info@mvg-verlag.de

1. Auflage 2017

© 2017 by mvg Verlag, ein Imprint der Münchner Verlagsgruppe GmbH,
Nymphenburger Straße 86
D-80636 München
Tel.: 089 651285-0
Fax: 089 652096

© Summersdale Publishers Ltd, 2017
Die englische Originalausgabe erschien 2017 bei Summersdale Publishers Ltd unter dem Titel
The Little Book of Lagom.

Übersetzung: Alfons Winkelmann
Umschlaggestaltung: Isabella Dorsch, dem Original nachempfunden
Umschlagabbildung: Shutterstock.com/primopiano
Satz: Satzwerk Huber, Germering
Druck: Finidr, Tschechische Republik
Printed in the EU

ISBN Print 978-3-86882-909-9
ISBN E-Book (PDF) 978-3-96121-178-4
ISBN E-Book (EPUB, Mobi) 978-3-96121-179-1

Weitere Informationen zum Verlag finden Sie unter

www.mvg-verlag.de
Beachten Sie auch unsere weiteren Verlage unter www.m-vg.de

JONNY JACKSON
& ELIAS LARSEN

Lagom

Die schwedische Kunst, ausgeglichen zu leben

mvg verlag

Inhalt

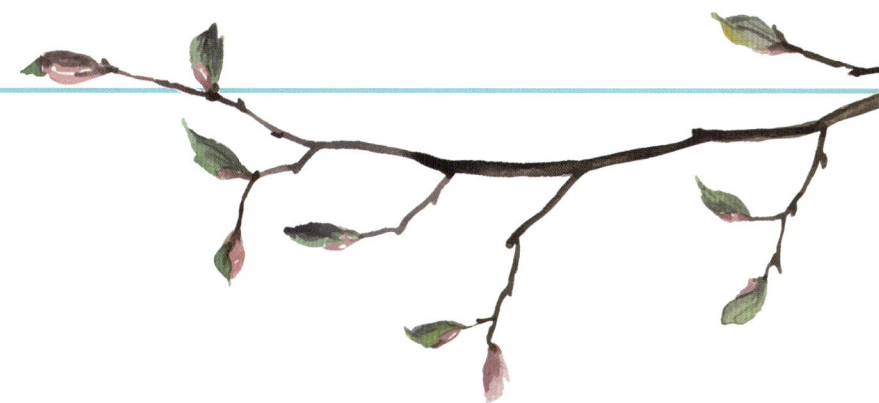

Was ist Lagom?

Ist es bloß getarnte hygge?

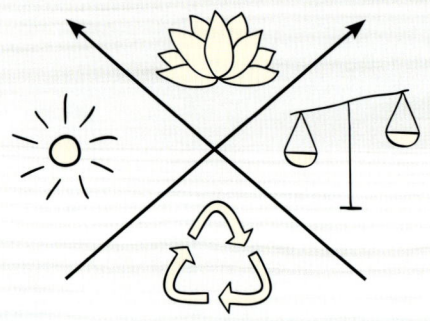

Hygge war das Modewort des Jahres 2016, und dass Lagom ein weiteres skandinavisches Konzept ist, das den Weg in unseren Wortschatz gefunden hat, schreit geradezu nach der Überlegung, ob es nicht etwas Ähnliches ist oder sogar das Gleiche. Bei der dänischen Kunst der Hygge geht es darum, einfach die angenehmen Kleinigkeiten des Alltags zu genießen und sich der Augenblicke der Ruhe zu erfreuen. Das schwedische Lagom (ausgesprochen: Lah-gom) hingegen meint einen bestimmten Lebensstil, bei dem es im Kern um Ausgeglichenheit, Bescheidenheit, Unaufgeregtheit und Zufriedenheit geht. Lagom ist schwedisch und bedeutet ›genau die richtige Menge‹ und kommt vom Sprichwort ›Lagom är bäst‹, also ›Genau die richtige Menge ist am besten‹. Lagom lässt sich bei jedem Aspekt Ihres Lebens anwenden, wie zum Beispiel mehr auf die Menge nicht-nachhaltiger Ressourcen zu achten, die Sie verbrauchen, sich gesund zu ernähren und den CO_2-Fußabdruck der Produkte in Ihrem Haushalt zu berücksichtigen. So können Sie ein Gleichgewicht zwischen Arbeit und Alltagsleben herstellen, das genau richtig für Sie ist: Sparen anstelle von Verschwenden und die gesamte Welt und Ihren eigenen Einfluss darauf im Auge zu haben.

Vielleicht hört sich Lagom nach einer Übung in Genügsamkeit an, aber es geht im Wesentlichen darum, ein einfacheres Leben zu führen und zu genießen, damit Sie sich auf das Wesentliche konzentrieren können. Es ist etwas, das sich auf Ihre individuellen Bedürfnisse zurechtschneiden lässt, mit Feinjustierungen bei jedem Aspekt Ihres Lebensstils, um alles ins Gleichgewicht zu bringen. Letzten Endes können Sie so lagom sein, wie Sie möchten, da es nicht darum geht, dass alles perfekt ist, sondern bloß darum, dass es für Sie ›genau richtig‹ ist.

Die Ursprünge des Wortes ›Lagom‹

Man glaubt, dass es sich vom Ausdruck ›laget om‹ ableitet, ›einmal für die ganze Mannschaft‹. Diesen Ausdruck benutzten die Wikinger, wenn sie beim gemeinsamen Trankopfer das Trinkhorn herumreichten, auf dass auch jeder seinen angemessenen Anteil erhielt.

TEIL 1

Das Lagom-Heim

Fragen Sie sich: Ist es zu viel,
nicht genug oder gerade richtig?

Es gibt so viele Möglichkeiten, in den eigenen vier Wänden mehr lagom zu sein. In diesem Teil finden Sie Ideen und Inspirationen, wie Sie Ihren Energieverbrauch reduzieren können: Zum Beispiel Tipps zum Auffinden undichter Stellen in Ihrer Wohnung, um Zugluft zu reduzieren, Tipps zum Vermeiden von Essensabfällen, zum Erzeugen eigener Produkte, eine Anleitung, wie Sie verantwortungsbewusst und nachhaltig einkaufen können, dazu einige innovative Methoden zu entrümpeln, zu recyclen und zu upcyclen.

Rasch und leicht im ganzen Haus Energie sparen

Nicht bloß Dachisolierung und Doppelverglasung verringern die Heizungsrechnung. Nachfolgend finden Sie einige weitere einfache Methoden, bei Ihrer Heizungsrechnung zu sparen:

- Wenn Sie Holzfußboden haben, verteilen Sie Teppiche darauf, damit die Wärme nicht entweicht, und um Zugluft zu vermeiden. Zudem wirkt die Wohnung dadurch gemütlicher.

- Regeln Sie die Heizung über Nacht herunter und investieren Sie in ein dickeres Oberbett für den Winter.

- Regeln Sie die Thermostate um ein Grad herunter – das kann zu einer wesentlichen Reduzierung ihrer Energiekosten übers Jahr führen.

- Fertigen Sie Zugluftstopper an, um die Zugluft unter Türritzen im gesamten Haus zu verringern. Wenn Sie altmodische Fenster haben, fertigen Sie dafür ebenfalls welche an.

- Müssen Sie Ihre Bluse tatsächlich nach einmal Tragen waschen? Auslüften – auf einen Bügel hängen – und einen weiteren Tag tragen, bevor sie in die Wäsche kommt.

- Werfen Sie den Wäschetrockner weg – er ist einer der größten Energieschlucker im Haus. Trocknen Sie stattdessen die Wäsche draußen oder hängen Sie sie in der Wohnung in einem Trockenraum auf. Wäsche riecht viel, viel besser, wenn sie im Freien getrocknet ist.

- Bringen Sie Jalousien und Vorhänge an den Fenstern an, um die Isolierung zu verbessern und die Wärme im Haus zu halten.

- Kuscheln Sie sich an Fernsehabenden in Tagesdecken, statt ein Feuer im Kamin anzuzünden.

Tauschen Sie Ihre Glühbirnen aus,
verwenden Sie LED-Lampen. Rund 18%
Ihrer Stromkosten gehen auf das
Konto der Beleuchtung. LED-Lampen
verbrauchen 85% weniger Energie
als die traditionellen Glühbirnen,
und das Licht ist dasselbe.

Verwenden Sie Akkus – sie
verbrauchen dreiundzwanzig
Mal weniger nicht-erneuerbare
Energie als Einmal-Batterien.

Halten Sie beim Backen die Backofenklappe geschlossen. Bis zu einem Viertel
der Wärme entweicht jedes Mal, wenn
Sie die Backofenklappe öffnen.

Schalten Sie das Licht
aus, wenn Sie einen Raum
verlassen – so einfach!

Bauen Sie einen Induktionsherd ein – sie sind äußerst
energieeffizient, da sie die Wärme ins Kochgeschirr
leiten und nur wenig Zeit zum Aufheizen benötigen.

• Vermeiden Sie die gefürchteten ›Energievampire‹ – wenn Ihre Gerätschaften auf Standby stehen, saugen Sie völlig zwecklos Energie auf. Man geht davon aus, dass diese Energievampire zwischen 5 und 10 Prozent des häuslichen Energieverbrauchs ausmachen.

• Verwenden Sie keine Papierhandtücher mehr, sondern Stoffhandtücher, die gewaschen und wieder verwendet werden können. Alte T-Shirts und abgenutzte Handtücher sind ideale weiche Tücher.

• Waschen Sie Kleidung in kühlem oder kaltem Wasser – bis zu 90% der Energie beim Waschen in der Waschmaschine wird zum Aufheizen des Wassers verwendet. Wenn Sie Sorge haben, dass eine Kaltwäsche Ihre Kleidung nicht so sauber macht wie eine Heißwäsche, dann gibt es eine Anzahl umweltfreundlicher Waschmittel mit einer Formel, die auf die Verwendung in kaltem Wasser abgestimmt ist.

Behalten Sie nichts im Haus,
was weder nützlich ist noch
schön.

WILLIAM MORRIS

Vom T-Shirt zum Einkaufsbeutel

Mit bloß ein paar strategisch günstig angesetzten Schnitten können Sie einen modischen, ganz zu schweigen von umweltfreundlichen und billigen Einkaufsbeutel aus einem alten T-Shirt herstellen. Seien wir doch ehrlich: Recycled ist weitaus wünschenswerter als die alternative Plastiktasche!*

Sie benötigen:

Baumwoll-T-Shirt

Stoffschere

Lineal

- Wählen Sie ein T-Shirt. Gehört es nicht Ihnen, zuerst fragen!

- Breiten Sie das T-Shirt auf einer Arbeitsfläche aus und schneiden Sie die Ärmel an den Schultersäumen ab.

- Drehen Sie das T-Shirt auf links und legen Sie es mit dem unteren Saum zu sich auf die Arbeitsfläche. Legen Sie die unteren Säume übereinander und schneiden Sie senkrecht im Abstand von 3 cm etwa 5 cm weit ein. Mit einem Lineal können Sie nachmessen, ob die Schnitte gleichmäßig sind.

- Als Nächstes schneiden Sie entlang der beiden seitlichen Säume ca. 5 cm tief ein.

- Knoten Sie die oberen losen Teile mit den unteren zusammen, am besten mit Doppelknoten. Das sieht gut aus, und außerdem kann der Beutel dann etwas aushalten.

- Drehen Sie Ihren neuen Einkaufsbeutel auf rechts, und Sie können ihn verwenden.

* Natürlich gibt es eine Menge anderer Verwendungsmöglichkeiten für ein altes T-Shirt, wie zum Beispiel als Staubtuch, Flickenteppich, Bohnensäckchen und Babyhut.

Die wunderbare Vielseitigkeit von Kisten und Paletten

Die Leute sind rasch dabei, Kisten wegzuwerfen, aber sie sind auf fantastische Weise vielseitig verwendbar. Sehen Sie sich einmal diese billigen und einfachen Einsatzmöglichkeiten für Ihr Zuhause an – und die Herstellung wird kaum mehr als eine Stunde erfordern.

SCHREIBTISCHREGAL

Bringen Sie eine Palette über Ihrem Schreibtisch an, und Sie haben sofort ein Schreibtischregal. Wenn Sie künstlerisch tätig sein wollen, verpassen Sie ihm einen Anstrich, oder lassen Sie es so, wie es ist, wenn Sie ein rustikales Aussehen bevorzugen. Verwenden Sie die waagerechten Bretter für inspirierende Fotos, Pflanzen oder Tintenfässer.

BEISTELLTISCH

Eine Obstkiste ergibt einen hübschen, skandinavisch aussehenden Tisch, insbesondere dann, wenn Sie ihm einen Anstrich verleihen – wir mögen es weiβ.

FANCY SCHUHGESTELL

Für ein Schuhgestell, das Ihren Kindern Spaß machen wird, stellen Sie eine Holzpalette auf die Seite, befestigen sie es sicher an der Wand und laden Ihre Kinder dann dazu ein, ihre Schuhe durch die Ritzen zu stecken! Jedes Kind hat sein eigenes Regalbrett, je nach Größe, also kann das größte das oberste nehmen usw.

RUSTIKALER STAURAUM

Aufeinander gestellte Obstkisten ergeben ausgezeichnete, attraktive Aufbewahrungsmöglichkeiten. Sie erhalten die Kisten bei Ihrem Obst- und Gemüsehändler, auf dem Wochenmarkt und eventuell auch im Supermarkt in der Obst- und Gemüseabteilung.

Putzen Sie Ihre Wohnung mit hausgemachtem Zitrusreiniger

Im Geschäft gekaufte Reinigungsmittel haben eine verwirrende Vielzahl an Zutaten. Außerdem sind sie teuer und einige sogar schädlich für Umwelt, Haustiere und uns. Verwenden Sie also stattdessen Ihren eigenen Zitronen-Essig-Reiniger. Er ist billig, effektiv und vertreibt mit seinem frischen, pikanten Aroma noch dazu Insekten.

Zutaten:

Schale von zwei Zitronen und einer Limone (vielleicht bereiten Sie sich vorher einen Gin-Tonic damit zu, oder Sie stellen Limonade her …)

1-Liter-Glasflasche/-behälter mit Schraubverschluss

1 Liter Weißweinessig

Ausführung:

- Glasflasche mit dem Weißweinessig füllen und die Zitronen- und Limonenschale hinzugeben.

- Die Flasche eine Woche lang an einem kühlen, dunklen Ort stehenlassen, bis der Essig trüb wird und der Geruch nicht mehr so stechend ist.

- Ein wenig von der Lösung in eine Sprühflasche gießen. Dann ist sie bereit zur Anwendung bei Fußböden, Oberflächen und im Bad, also überall dort, wo Sie normalerweise Sprühmittel zum Reinigen verwenden.

Fantastische Zugluftstopper

Zugluft durch Türritzen sorgt für eine kalte Wohnung und schlägt bei der Heizrechnung zu Buche. Selbst gefertigte Zugluftstopper sind ideal dazu geeignet, Zugluft zu verhindern.

Sie benötigen:

Ein rechteckiges Stück Stoff von mindestens 40 cm Breite und bloß 4 cm länger als die Breite der Tür (oder Sie schneiden ein Bein von einer alten Hose ab – in diesem Fall springen Sie gleich zu Punkt 5 der Liste)

Nähmaschine oder Nadel und Faden

Dicke Strumpfhose

Stopfmaterial (Sitzsackfüllung ist am besten geeignet, oder Reis, aber Sie können sogar in Streifen gerissenes und fest zusammengeknülltes Zeitungspapier verwenden)

Stecknadeln

Ausführung:

- Sobald Sie den Stoff zurechtgeschnitten haben, bügeln Sie ihn.

- Falten Sie ihn der Länge nach, sodass das Muster (falls vorhanden) innen liegt.

- Stecken Sie den Stoff zusammen, bereit zum Vernähen.

- Vernähen Sie den Stoff entlang der Länge der offenen Kante, dann entlang eines der Enden. Dann wenden Sie den Stoff, so dass sie eine an einem Ende offene Stoffröhre vor sich haben.

- Schneiden Sie von Ihrer Strumpfhose ein Bein ab und stopfen Sie Füllmaterial hinein. Wenn es voll ist und bloß ein wenig kleiner als Ihr Zugluftstopper, verknoten Sie das Ende.

- Stecken Sie die ausgestopfte Strumpfhose in Ihren Zugluftstopper und nähen Sie das andere Ende zu.

- Jetzt ist er fertig zum Gebrauch.

Flickenteppich

Einen Flickenteppich herzustellen ist eine wunderbare Methode, alte Stoffteile aufzubrauchen, wie zum Beispiel Handtücher, Laken und Kleidung. T-Shirts und Handtücher ergeben den weichsten Flickenteppich. Es ist etwas Besonderes, alte Kleidung zu verwenden, die von Ihnen und/oder Ihrer Familie getragen worden war und jetzt nicht mehr passt oder nicht mehr geflickt werden kann. Denn Sie weben buchstäblich Erinnerungen in den Teppich, die Ihnen jedes Mal in den Sinn kommen, wenn Sie ihn verwenden. Er dient gleichfalls als schicke Methode, Zugluft auf nackten Holzfußböden zu reduzieren.

Sie benötigen:

Alten Stoff, in 5 x 15 cm lange
    Streifen gerissen
Teppichstopper mit 1 cm Gitterbreite,
    zu der Größe zurechtgeschnitten,
    die Sie für Ihren Flickenteppich
    haben wollen
Stoffschere
Geschickte Finger (!)

Ausführung:

- Schneiden Sie mit der Stoffschere die Stoffkante in Abständen von 5 cm ein, um das Material leichter zerreißen zu können.

- Bevor Sie loslegen, überlegen Sie sich die Farbkombinationen. Sie könnten Färbemittel verwenden, wenn Ihnen eine spezielle Farbe oder ein besonderer Effekt vorschwebt, oder Sie gehen einfach nach Lust und Laune vor und wählen das vielfarbige Aussehen.

- Schieben Sie Ihren ersten Streifen in das erste Gitterquadrat und ziehen Sie ihn bis zur Hälfte durch.

- Machen Sie einen Doppelknoten mit dem Stoffstreifen und ziehen Sie ihn fest. Dann nehmen Sie einen weiteren Streifen und schieben ihn durch das nächste Loch, und so gehen Sie weiter vor, bis Sie Ihren Teppich haben!

Die tolle Sache an diesem Flickenteppich ist die, dass man ihn in der Maschine waschen kann, als würde man nach wie vor die Kleidung waschen, aus denen er besteht. Es ist darüber hinaus eine Tätigkeit, die nicht Ihre ungeteilte Aufmerksamkeit erfordert. Sie können dabei durchaus lesen oder Ihre Lieblingssendung im Fernsehen anschauen.

Verschwenden Sie kein Wasser

Obwohl es in der entwickelten Welt jede Menge Wasser gibt, sprechen ein paar gravierende Gründe dafür, nicht verschwenderisch damit umzugehen. Wenn Sie weniger Wasser verwenden, benötigen Sie weniger Energie und sparen dadurch Geld, und das nicht nur deshalb, weil Sie weniger Wasser aufheizen, sondern auch, weil das Reinigen von Wasser höchst energieintensiv ist, was Einfluss auf die gesamte Umwelt hat. Im Folgenden also ein paar praktische Methoden, wie man Wasser sparen kann:

- Versuchen Sie, Ihre Duschzeit auf 3 bis 5 Minuten zu begrenzen. Dadurch können Sie Ihre Energierechnung um bis zu 15% reduzieren.

- Lassen Sie beim Zähneputzen das Wasser nicht laufen – dadurch sparen Sie etwa 6 Liter Wasser pro Minute.

- Gehen Sie einen Schritt weiter und benutzen Sie einfach einen Becher Wasser, in den Sie Ihre Zahnbürste tunken und den Sie hinterher zum Mundspülen verwenden.

- Achten Sie darauf, dass die Hähne nicht tropfen. Falls doch, tauschen Sie sie aus – einen tropfenden Wasserhahn zu reparieren, kann bis zu 60 Liter Wasser pro Woche sparen.

- Wenn Sie Wasser kochen, dann bitte nur so viel, wie Sie benötigen.

- Waschen Sie nicht so oft!

- Warten Sie ab, bis die Trommel Ihrer Maschine wirklich voll ist – eine volle Ladung verbraucht weniger Energie und Wasser als zwei halbe Ladungen.

- Besorgen Sie sich eine Toilette, die weniger Wasser zum Spülen benötigt. Alte Toiletten benötigen etwa 13 Liter pro Spülvorgang, wohingegen neuere System etwa 3 – 4 Liter benötigen. Alternativ verwenden Sie ein Wasserspar-Umbauset, das in Ihre Toilette eingebaut wird, um das Volumen an Wasser beim Spülvorgang zu verringern – einen Ziegelstein in den Spülkasten legen, ist eine rasche und effektive Alternative.

- Investieren Sie in einen energiesparenden Duschkopf.

- Zum Kochen von Gemüse verwenden Sie einen Dampfgarer. Dadurch behält das Gemüse nicht bloß seine Nährstoffe – was für Ihre Gesundheit besser ist –, sondern er benötigt auch weniger Wasser.

- Investieren Sie in eine Regentonne für Ihren Garten – die umweltfreundlichste Methode, den Garten zu wässern.

- Wässern Sie Pflanzen mit einer Gießkanne und nicht mit dem Gartenschlauch. Mit dem Schlauch benötigen Sie 1.000 Liter Wasser pro Stunde. Wenn Sie am frühen Morgen oder am Abend gießen, wird das Wasser effektiver in den Boden aufgenommen und weniger wahrscheinlich verdunsten.

- Investieren Sie in eine Spülmaschine – sie verbraucht weniger Wasser als das Spülen mit der Hand, zudem wird Ihr Geschirr hygienisch sauber.

- Lassen Sie eine Wasseruhr installieren – es gibt keine bessere Motivation zum Wassersparen, als wenn Sie sehen können, wie viel Sie verbrauchen und wie viel es Sie kostet.

Zeit zum Aufräumen!

Der Lagom-Haushalt ist ein ruhiger, aufgeräumter Ort mit ganz wenig Gerümpel, was jedoch nicht ›kein‹ Gerümpel bedeutet. Hier kommt die clevere Aufbewahrung ins Spiel. Ein aufgeräumter Haushalt ist für das allgemeine Glück und Wohlbefinden wichtig: Saubere Oberflächen und einen speziellen Ort für alles und jedes sind beruhigend, weil Sie wissen, wo alles ist und Sie sich den Stress einer Suche nach dieser dummen Schere sparen können. Auch kann das Aufräumen an sich sehr beruhigend wirken. Es ist ein sanftes Training, das Serotonin produziert, das Hormon, das für ausgeglichene Stimmung ebenso sorgt wie dafür, dass wir uns gut fühlen.

Viele von uns haben damit zu kämpfen, dass wir viel zu viel Kram besitzen, und wenn es ans Aufräumen geht, ist die Versuchung groß, die Sache einfach auf die lange Bank zu schieben, weil, nun ja, wo anfangen? Dieser Abschnitt gibt Ihnen ein paar Tipps, wie Sie das Aufräumen akzeptieren und sogar Spaß dabei haben können!

Kleidung

Für Kleidung haben viele von uns eine Schwäche, aber wissen Sie wirklich, was Sie haben und wie viel Sie davon tatsächlich tragen? Fangen Sie damit an, eine Schublade oder ein Schrankfach nach dem anderen auszuräumen und zu sortieren. Bei manchen Dingen müssen Sie nicht lange überlegen, ob Sie sich davon trennen können, aber bei anderen kann das etwas komplizierter sein. Hier sollten Sie sich die folgenden Fragen stellen:

- Mag ich es?

- Trage ich es?

- Juckt oder kratzt es?

- Kann ich mich tatsächlich bequem darin bewegen?

- Wann habe ich es zuletzt getragen?
  (Werde ich jemals wieder in diese Jeans passen?)

Seien Sie ehrlich, und Sie werden bald einen Haufen haben, der an Freunde und Familie weitergegeben, bei eBay oder auf anderen Plattformen verkauft, beim Kleiderkreisel* angeboten oder zur Kleidersammlung der Wohlfahrtsverbände gebracht werden kann.

Folgender Tipp ist eine großartige Methode, um herauszufinden, welche Sachen aus Ihrer Garderobe Sie nicht tragen: Hängen Sie Ihre Kleider so auf, dass alle Bügel nach hinten zeigen. Achten Sie darauf, dass Sie jedes Kleidungsstück nach dem Tragen so zurückhängen, dass der Bügel nach vorne zeigt. Nach ein paar Monaten haben Sie ein klares Bild, was Sie tragen und was nicht, was das Ausräumen etwas einfacher machen sollte.

*KLEIDERKREISEL

Beim Kleiderkreisel können Sie Kleider verkaufen, kaufen oder tauschen. Dieser Trend erfreut sich wachsender Beliebtheit unter den modisch Cleveren und umweltbewussten Leuten. Er ist ein großartiges Beispiel für Nachhaltigkeit und bedeutet, dass Sie die Kleider loswerden können, die Sie nicht tragen, oder im Austausch dafür die einstmals geliebten Sachen anderer Menschen haben können, statt ins Geschäft zu rennen und neue Sachen zu kaufen.

29

Im Folgenden ein paar Tipps, um das aufzubewahren, was Sie behalten

Bringen Sie ein Gefühl für Ordnung in Ihre Garderobe, indem Sie sich an folgende einfache Regeln halten:

- Investieren Sie in ein paar gute Kleiderbügel. Ihre Kleider werden weniger zerknittert, also müssen Sie sie nicht bügeln.

- Hängen Sie zusammenpassende Sachen auf einen Bügel. So können sie sich rasch ein bestimmtes Outfit greifen, statt zufällige Kleidungsstücke zu wählen und den ganzen Tag lang so auszusehen, als hätten Sie sich im Dunkeln angezogen.*

- Organisieren Sie Ihre Kleidung in Abschnitten, z.B. nach Farbe. Das erleichtert es nicht bloß, Dinge zu finden, sondern Sie können sich auch jedes Mal auf die Schulter klopfen, wann immer Sie Ihre Garderobe öffnen.

- Wenn Sie Kleidung nach Jahreszeit aufbewahren, vergessen Sie nicht, alles auszusortieren, was Sie in letzter Zeit nicht getragen haben. Denken Sie auch daran, Sachen wie Wintermäntel in die Reinigung zu geben, bevor Sie sie weghängen.

- Auf diese Weise können Sie sich an dem erfreuen, was Sie haben, und das Beste daraus machen, da die Sachen nicht hinten im Schrank versteckt hängen.

*   Eine Studie hat herausgefunden, dass Frauen (und wahrscheinlich auch Männer) ungefähr ein Jahr ihres Lebens damit verbringen, zu entscheiden, was sie anziehen sollen. Durch das Prinzip, zusammenpassende Kleidung auf den selben Bügel zu hängen, können Sie sich also jede Menge Zeit und Frust sparen.

Clevere Aufbewahrungslösungen

SELBST GEBAUTER
SCHUHAUFHÄNGER

Als Erstes müssen Sie eine Schiene im unteren Teil der Garderobe anbringen, sodass genügend Platz bleibt, dass Schuhaufhänger und Schuhe dazwischen passen. Daraufhin nehmen Sie ein paar alte Kleiderbügel aus Draht, die zu einer sehr eleganten Einheit für die Aufbewahrung von Schuhen geformt werden. Schneiden Sie das untere gerade Stück des Kleiderbügels mit einer Drahtschere genau in der Mitte durch. So erhalten Sie zwei Teile, die Sie in Form biegen können. Biegen Sie die eine Hälfte nach links und die andere nach rechts, sodass sich zwei einander gegenüberliegende Haken ergeben. Die Enden sind scharf, also biegen Sie sie nach innen zu einer Schlaufe oder einer Spirale, und siehe da! Sie haben einen Schuhaufhänger. Stellen Sie für jedes Paar Schuhe einen her und hängen Sie ihn auf.

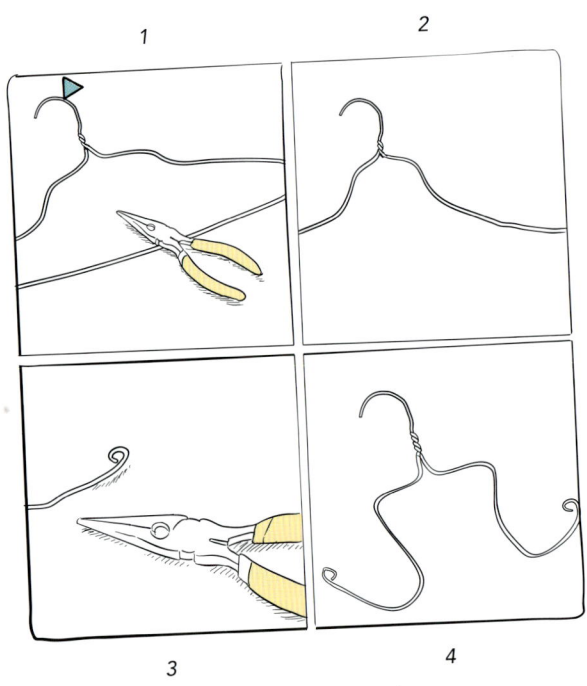

AUFRECHTE KLEIDUNG ▷

Wenn Sie Ihre Kleidung aufrecht in die Schublade legen, werden Sie jedes einzelne Stück deutlich erkennen und herausholen können, ohne die übrigen sauber gefalteten Teile in Unordnung zu bringen. Ist doch einfach, oder?

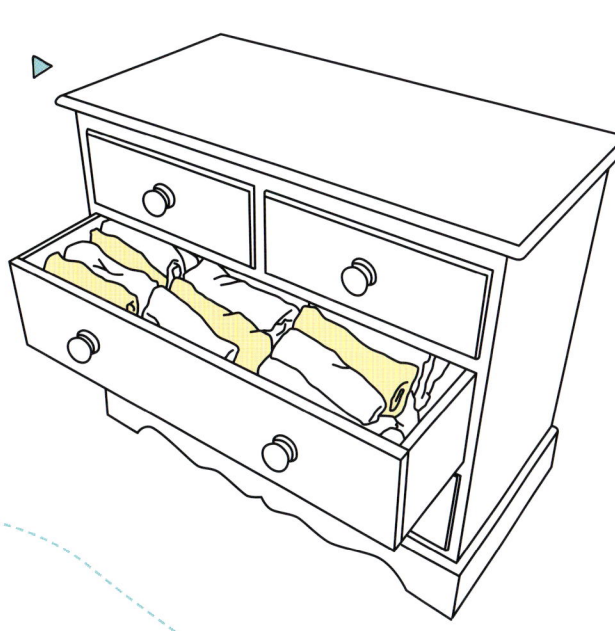

◁ SPIELZEUGHALTER AUS KREPPBAND

Kleben Sie ein Stück Kreppband an die Wand. Achten Sie darauf, dass die rauere Seite nach außen zeigt und heften Sie dann das flauschige Spielzeug daran. Es hängt bequem an der Wand: Der Panda, das Häschen, der Teddy und die flauschige Raupe – alles aufgeräumt. Unglaublich.

Garderobenhaken aus Ästen

Wenn Sie weiteren Platz zum Aufhängen benötigen, jedoch etwas haben wollen, das anders ist, versuchen Sie es mit diesen Garderobenhaken aus Zweigen.

Sie benötigen:

Einen Ast pro Haken
Zwei Schrauben pro Haken
Weiße Acrylfarbe, optional
Pinsel, wenn Sie Farbe auftragen
Säge
Holzbohrer

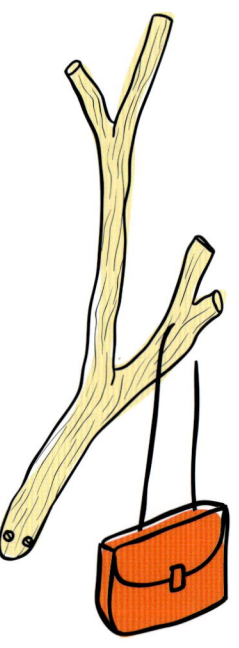

Anleitung:

- Entfernen Sie überflüssige Zweige und schneiden Sie die Basis gerade ab, damit Sie den Ast leicht an der Wand befestigen können.

- Wenn Sie Ihren Ast bemalen wollen, und zwar so, dass er zur übrigen Einrichtung passt, sollten Sie es jetzt tun und die Farbe danach trocknen lassen.

- Bohren Sie zwei Löcher in die Basis Ihres Astes, dann stecken Sie die Schrauben in die Löcher und dübeln ihn an die Wand.

- Wenn Sie Ihre Äste bemalt haben, tupfen Sie etwas Farbe auf die Schrauben und lassen Sie sie trocknen.

- Ihre Garderobenhaken sind jetzt fertig zum Gebrauch.

Verwenden Sie herabgefallene oder -gewehte Äste, statt welche vom Baum abzusägen, es sei denn, Sie wollen den Baum absichtlich beschneiden.

Einfachheit ist die höchste
Stufe der Vollendung.

LEONARDO DA VINCI

Nachfolgend ein paar Tipps, wie Sie für andere Dinge in Ihrem Haushalt einen Platz finden

WÄSCHESCHRANK – So lange Sie kein Hotel führen, benötigen Sie keine Schränke voller Bettwäsche. Eine Lösung, Ihren Wäscheschrank aufzumöbeln, besteht darin, Bettdecken um passende Kissen zu falten oder, wenn Sie besonders geschickt im Falten sind, den Bettbezug und einen Kissenbezug so zu falten, dass beides in den jeweiligen Kissenbezug passt.

BADEZIMMERSCHRANK – Zunächst misten Sie sämtliche verfallenen Sachen aus. Dann stellen Sie ähnliche Produkte zusammen, um nachzusehen, wie viele derselben oder ›ähnlicher‹ Produkte weggeworfen werden können. Stellen Sie die Produkte, die Sie am häufigsten verwenden, zusammen. Wahrscheinlich bleiben Ihnen ein paar wenige Dinge, die vielleicht Geschenke oder Produkte waren, die Sie nie wieder verwendet haben – werfen Sie sie hinaus oder bieten Sie sie einem Freund oder Familienmitglied an, das sie vielleicht besser gebrauchen kann. Bestimmen Sie schließlich, an welchem Platz auf der Ablage jedes Familienmitglied seine regelmäßig verwendeten Sachen in Griffweite ablegen kann.

BÜCHER – Sehen Sie sich Ihre Bücher durch und entscheiden Sie, welche wirklich einen Platz auf Ihrem Bücherregal und in Ihrem Leben verdienen – diejenigen, die etwas in Ihnen bewegt haben, diejenigen, die zu schön sind, um sich von Ihnen zu trennen, diejenigen, die ein Geschenk mit Widmung waren, diejenigen mit Autogramm Ihres Lieblingsautors. Dann seien Sie ehrlich mit denjenigen, die Sie nie lesen oder in denen Sie nie etwas nachschlagen werden und bringen Sie sie zu einem Antiquariat. Jemand anders wird sie vielleicht mögen.

PAPIERKRAM UND KORRESPONDENZ –

Es ist erstaunlich, wie rasch Quittungen Ihre Geldbörse füllen und Kontoauszüge und Haushaltsdokumente sich zu Papierbergen auf Ihrem Schreibtisch oder Küchentisch türmen. Wie viel davon brauchen Sie wirklich? Dieser kleine Guide sollte Ihnen dabei helfen, die Verwendung von Papier zu reduzieren.

Kontoauszüge – Gehen Sie zu Online-Banking über und drucken Sie die Auszüge nur einmal am Monatsende aus.

Quittungen – Behalten Sie Quittungen für wertvolle Dinge, werfen Sie jedoch alles andere nach einem Monat weg.

Arbeits-/Steuerdokumente – Behalten Sie Gehaltsabrechnungen und steuerrelevante Dokumente so lange, wie es gesetzlich vorgeschrieben ist.

Bewahren Sie alles übrige in einem Harmonikaordner auf, und wenn Sie das nächste Mal etwas sicher aufbewahren wollen, werfen Sie es gleich hinein!

Garantiescheine und Benutzerhandbücher – Werfen Sie alles weg, was zu etwas gehört, das Sie nicht mehr benötigen oder benutzen. Die meisten Bedienungsanleitungen lassen sich online finden. Behalten Sie aber diejenigen für neue Produkte.

Rechnungen – Bezahlen Sie sie und heften Sie sie dann in einen Ordner, werfen Sie sie jedoch nach ein paar Jahren weg.

Versicherungsdokumente – Behalten Sie nur die gültigen.

ZEITSCHRIFTEN UND ZEITUNGEN – Kündigen Sie Abos für Zeitschriften und Zeitungen, die Sie nicht lesen, und abonnieren Sie stattdessen Online-Nachrichtendienste, bei denen Sie einen Monatsbeitrag für unbegrenzten Zugang zu sämtlichen neuen Zeitschriftenausgaben haben. Viele Zeitungen bieten ebenfalls ein reines Online-Abo an. Stellen Sie die Zeitschriften, die Sie behalten, stolz in einem Regal oder in einem kleinen Stapel auf dem Wohnzimmertisch zur Schau, und geben Sie diejenigen, die Sie nicht mehr aufheben wollen, zum Altpapier.

Nachhaltiger Einkauf – Checkliste

Zur Vermeidung von Müll überlegen Sie sich genau, was Sie einkaufen wollen. Wenn Sie das nächste Mal etwas sehen, das Sie haben möchten, stellen Sie sich die folgenden Fragen:

- Kann ich ohne das leben?

- Werde ich es tragen/verwenden? Wenn ja, wo und wann?

- Kann ich es mir leisten? Hätte ich das Geld lieber auf meinem Konto oder lieber diese Sache in meinem Haushalt?

- Habe ich Platz dafür?

Wenn Sie sich nach wie vor unsicher sind, ist es am besten, eine Nacht darüber zu schlafen, dann zurückzugehen und es am folgenden Tag zu erwerben, wenn Sie jetzt davon überzeugt sind, es haben zu müssen.

Tipp

Machen Sie es sich zur Regel, jedes Mal, wenn Sie etwas einkaufen, etwas anderes stattdesse wegzugeben, sodass die Menge Ihres Besitzes immer gleich bleibt.

Top-Tipps, um Lebensmittelverschwendung gering zu halten

Lebensmittelverschwendung ist ein großes Thema – jeder EU-Bürger wirft pro Jahr ca. 180 Kilogramm Lebensmittelreste in die Tonne, was in Geldwert ausgedrückt ca. 940 € bedeutet. Sie können die Menge an Essensresten in Ihrem Haushalt jedoch verringern, wenn Sie Folgendes beachten:

- Planen Sie Ihre Mahlzeiten für die gesamte Woche und achten Sie auf die Menge an Nahrungsmitteln, die Sie einkaufen – das erscheint vielleicht mühsam, aber für die Woche planen und nur das einkaufen, was Sie für sämtliche Ihrer Mahlzeiten benötigen, vermeidet Abfall. Achten Sie darauf, Produkte zu kaufen, die ihre Haltbarkeitsdauer in dem Zeitraum nicht überschreiten, in dem Sie sie verwenden wollen.

- Lassen Sie sich nicht von Sonderangeboten locken. Am Ende kaufen Sie mehr ein als nötig.

- Bereiten Sie Mahlzeiten zu, die über mehrere Tage gegessen werden können, wie Risotto oder Eintopf. So müssen Sie auch nicht jeden Tag kochen.

- Lagern Sie die Nahrungsmittel richtig – verwenden Sie luftdichte Behälter und halten Sie den Kühlschrank aufgeräumt, damit Sie immer wissen, was Sie gekauft haben und wie lange die Sachen aufbewahrt werden können.

- Machen Sie das Beste aus Resten! So können Sie zum Beispiel ein Brathähnchen einlagern oder damit eine köstliche Suppe zubereiten (s. dazu den Abschnitt ›Leckere Reste‹ weiter hinten).

- Frieren Sie Dinge wie Brotscheiben ein – sie können monatelang gelagert werden, und Sie müssen bloß so viele herausholen, wie Sie essen möchten, und in der Mikrowelle auftauen.

- Essen Sie vor dem Einkaufen. Wenn Sie hungrig sind, werden Sie wahrscheinlich mehr kaufen, als Sie brauchen, und Sie sind eher geneigt, Süßigkeiten zu erstehen.

Tipp

Listen Sie auf, wie viel an Speisen und Getränken Sie über einen Monat hin wegwerfen. Wahrscheinlich erkennen Sie ein Muster, dass nämlich immer dieselben Dinge im Abfalleimer landen, wie Salate, Brot, Fertiggerichte, die Sie im Sonderangebot erstehen und die gut erscheinen, die Sie jedoch nicht essen mögen, gewisse Früchte, die überreif geworden sind, dieselben Dinge, die in Lunchboxen weggeworfen werden … Wenn Ihnen etwas nicht schmeckt, kaufen Sie es erst gar nicht! Gleichermaßen müssen gewissen Dinge jedoch nicht weggeworfen werden, wenn sie ihr Haltbarkeitsdatum ein wenig überschritten haben.

Der Unterschied zwischen Mindesthaltbarkeitsdatum und Verfallsdatum

Das Mindesthaltbarkeitsdatum bezieht sich auf den Zeitraum, in dem die optimale Qualität eines Produkts garantiert wird. Es lässt sich auch über dieses Datum hinaus verzehren. Wichtig dabei ist aber, dass das Nahrungsmittel nach Vorschrift aufbewahrt wird. Ein Verfallsdatum bedeutet, dass das Produkt nach diesem Datum nicht mehr verzehrt werden sollte.

TRICKS FÜR DEN LEBENSMITTELEINKAUF

Wie oft sind Sie einkaufen gegangen und wussten nicht mehr, ob Sie etwas daheim hatten oder nicht? Und haben es gekauft, nur um zu Hause festzustellen, dass Sie es bereits hatten? Wie frustrierend! Mit diesem simplen Trick wird Ihnen das nie mehr passieren, und Sie müssen sich nicht mehr ärgern.

Fotografieren Sie den Inhalt Ihres Kühlschranks und Ihrer Vorratsschränke, bevor Sie Ihren Wocheneinkauf erledigen. Dann können Sie bei einem Blick auf die Fotos sehen, was Sie benötigen und was nicht.

Die Lebensdauer von Lebensmitteln verlängern

An Lebensmitteln steht uns eine Überfülle zur Verfügung, und wir wollen nur Dinge essen, wenn sie am besten und reifsten sind, aber einige Sachen müssen nicht weggeworfen werden, wenn sie ihre Reife überschritten haben. Obst, das etwas weich geworden ist und nicht mehr appetitlich aussieht, kann eine ideale Zutat für Smoothies, Marmeladen und Chutneys werden. Im Folgenden einige Tipps, was man mit einer Überfülle an Obst oder Gemüse anfangen kann:

- Erdbeeren, Himbeeren, Johannisbeeren und sonstige Beerenfrüchte lassen sich einfrieren. Breiten Sie die Früchte auf einem Tablett aus und frieren Sie sie offen ein. Sobald sie tiefgefroren sind, füllen Sie sie in Gefrierbeutel und versiegeln sie.

- Alle Früchte lassen sich trocknen. Verwenden Sie dazu jedoch nur die makellosen Früchte. Waschen, entsteinen und schneiden Sie die Früchte, blanchieren Sie sie fünf Minuten im Dampf und werfen die Stücke daraufhin in kaltes Wasser. Tauchen Sie sie in eine Mischung aus Wasser und Zitronensaft, damit sie nicht so schnell braun werden, und lassen Sie sie dann auf einem Küchenhandtuch trocknen. Sobald sie völlig trocken sind, legen Sie sie auf ein mit Pergamentpapier ausgelegtes Backblech und schieben Sie sie für vier Stunden bei niedriger Hitze hinein. Lassen Sie sie über Nacht stehen und frieren Sie sie bis zum Gebrauch in Gefrierbeuteln ein.

- Birnen und Äpfel sollten einzeln in Zeitungspapier verpackt und in Holzkisten an einem kühlen, dunklen Ort gelagert werden. Eine ungeheizte Garage oder Gartenhütte ist ideal. Überprüfen Sie die Früchte regelmäßig auf faulige Exemplare.

- Wenn Sie Platz in der Gartenhütte oder Garage haben, besorgen Sie sich eine alte Truhe mit Schubladen aus einem Trödelladen und lagern Sie darin Ihr Gemüse. Schichten Sie eine Lage Sand in jede Schublade und legen Sie eine Schicht Gemüse darauf. Dann decken Sie das Gemüse mit Sand zu und fügen weiteres Gemüse hinzu, bis die Lade voll ist. Beschriften Sie die Laden mit Inhalt und Datum.

- Kartoffeln können gesäubert in Kartoffelsäcken an einem kühlen, trockenen Ort gelagert werden.

- Werfen Sie Fallobst nicht weg. Sie können daraus köstliche Chutneys herstellen oder es einfrieren und später auftauen und als Vogelfutter im Winter verwenden.

Karamelisiertes Zwiebelchutney

Schmeckt himmlisch mit Käse und Crackern!

Zutaten:

7 rote Zwiebeln

1 weiße Zwiebel

2 Schalotten

Olivenöl

2 Lorbeerblätter, am besten frisch

1 Zweig frischer Rosmarin

1 rote Paprika

1 rote Chilischote

1/4 l Balsamicoessig

50 ml Rotweinessig

220 g dunkler brauner Zucker

Sterilisierte Marmeladengläser*

Zubereitung:

- Rote und weiße Zwiebeln und Schalotten schälen und in 1 cm große Würfel hacken.

- Einen Schuss Olivenöl in eine Pfanne geben und die Zwiebeln und Schalotten für 10 Minuten bei geringer Hitze rösten, bis sie weich und goldbraun sind.

- Rosmarinblätter hacken (Stängel entfernen) und sie der Zwiebelmischung zusammen mit den Lorbeerblättern beifügen.

- Chilischote und Paprika entkernen und würfeln, beides in die Mischung rühren. Alles ein paar Minuten köcheln lassen.

- Den Balsamicoessig und den braunen Zucker hineinrühren und alles weiter köcheln lassen, bis die Masse dick wird und an ein Chutney erinnert.

- Die Masse in die vorbereiteten Marmeladengläser löffeln und den Deckel aufschrauben. Das Chutney hält sich etwa sechs Wochen.

* Die einfachste Methode, Gläser zu sterilisieren, besteht darin, sie in einem Backofen bei 140° (120° Umluft) bzw. Gasherd Stufe 1 zu erhitzen. Gläser in heißem Seifenwasser abwaschen und gut ausspülen, anschließend auf ein Backpapier stellen in den Backofen schieben, damit sie völlig austrocknen. Beim Verwenden von Weckgläsern müssen die Gummiringe ausgekocht werden, weil trockene Hitze sie schädigt.

Erdbeermarmelade

Von allen Sommerfrüchten sind Erdbeeren anscheinend am meisten verbreitet. Im Folgenden ein narrensicheres Rezept für die perfekte Zutat zu Brötchen und Quark.

Zutaten:

(Die Menge lässt sich beliebig erweitern)

500 g Erdbeeren (oder mehr)
250 g Gelierzucker 2 : 1
    (oder entsprechend größere
    Menge) – Das Mengenverhältnis
    von Erdbeeren und Gelierzucker
    muss immer dasselbe sein
Saft einer Zitrone (optional)

Zubereitung:

- Erdbeeren in einen großen Topf geben, dazu den Gelierzucker und den Saft einer Zitrone. Die Masse langsam und unter stetigem Rühren erhitzen. Sobald die Masse sprudelnd kocht, benötigt sie noch etwa 4 Minuten bis zum Gelieren.

- Die Marmelade sofort in die vorbereiteten Gläser füllen, Deckel zuschrauben und die Gläser umgekehrt auf eine feuerfeste Ablage stellen, z.B. ein Holzbrett.

- Nach einigen Minuten die Gläser wieder um drehen. Jetzt sind sie luftdicht verschlossen.

- Nach dem Abkühlen Gläser beschriften.

Die Marmelade hält sich mindestens ein Jahr, wenn sie an einem kühlen, trockenen und dunklen Ort aufbewahrt wird. Nach dem Öffnen sollte die Marmelade jedoch in ein paar Tagen verbraucht werden.

Leckere Reste

Kochen Sie oft genug, um eine sechsköpfige Familiezu ernähren, obwohl Sie nur zu zweit sind? Schön, es freut mich, dass nicht nur ich so bin. Aber was stellen Sie mit den Resten an? Werfen Sie sie weg oder bewahren Sie sie in einer Tupperdose hinten im Kühlschrank auf, bis sie schimmelig werden? Na, da ist es aber höchste Zeit, damit aufzuhören. Wie wir alle wissen, ist das Wegwerfen von Essen genau so, als würden Sie Ihr Geld in den Abfalleimer werfen. Es ist an der Zeit, clever mit Ihren Resten umzugehen. Im Folgenden finden Sie einige Methoden, wie sie länger etwas davon haben. So macht es Spaß, Essensreste zu retten – lassen Sie Ihre Kreativität spielen!

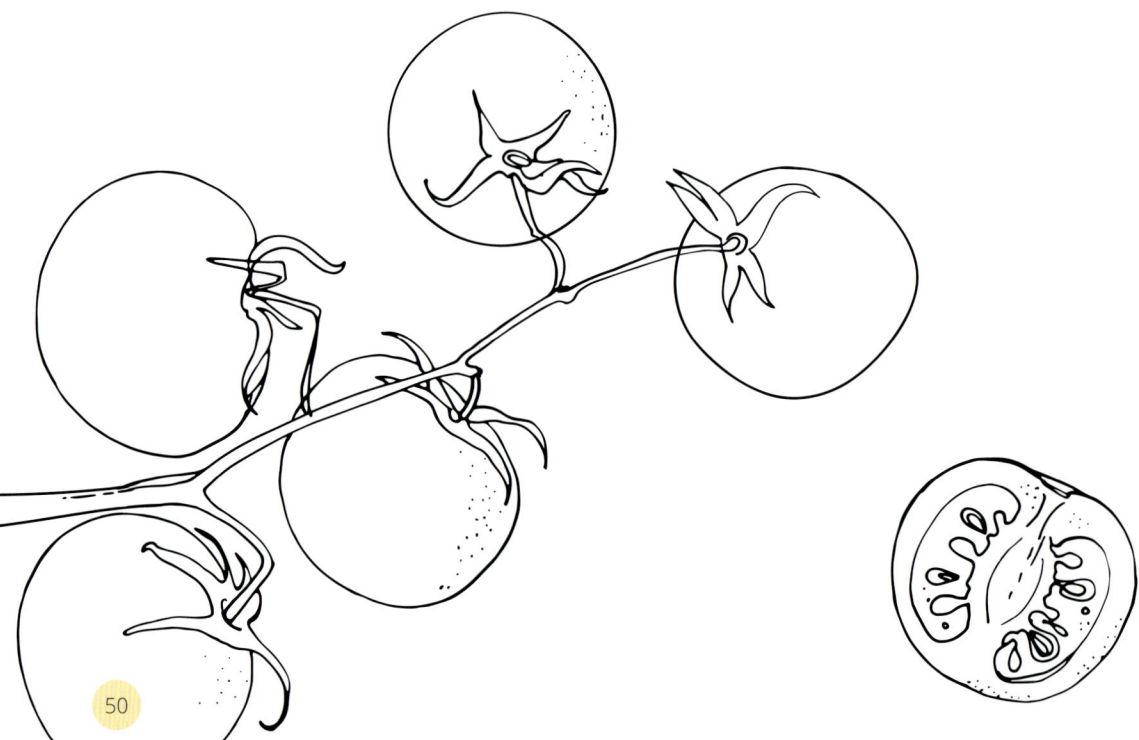

Ofenkartoffeln

Diese Rezept funktioniert gut, wenn Sie zu viele Kartoffeln gekocht haben!

Zutaten:

1 große Kartoffel pro Person
Olivenöl
Salz
1 kleines Töpfchen Sauerrahm
100 g Champignons, in Scheiben
    geschnitten
1 rote Paprika, entkernt und in
    kleine Stücke geschnitten
1 Scheibe Speck pro Person
Eine gute Prise getrockneter,
    gehackter Kräuter
Reibekäse

Zum Servieren (optional):

Einen Klecks Sauerrahm
Eine Handvoll gehackter
    Frühlingszwiebeln

Zubereitung:

- Backofen auf 180° vorheizen.

- Kartoffeln aufstechen, dann mit dem Olivenöl und dem Salz einreiben, bis sie völlig bedeckt sind.

- Kartoffeln 1 1/4 Std. in den Ofen geben, oder so lange, bis sie weich sind. Inzwischen die Champignons, die Paprika und den Schinken in einer kleinen Pfanne braten und diese beiseitestellen.

- Vom oberen Teil jeder Kartoffel kreisförmig ein Stück abschneiden (einen ›Hut‹) und das Innere mit einem Löffel herausholen. Leere Schalen in den Ofen zurückstellen, damit sie knusprig werden.

- Das herausgeholte Innere der Kartoffel zusammen mit den Champignons, der Paprika und dem Schinken in eine Schüssel füllen und die andere Hälfte in eine andere Schüssel, für später.

- Mehrere Kleckse Sauerrahm in der Schüssel mit der Kartoffel, den Champignons, der Paprika und dem Schinken vermischen, bis die Mischung klumpig aussieht. Die Masse zurück in die Schalen löffeln und weitere zehn Minuten erhitzen.

- Käse darauf streuen und weitere fünf Minuten backen. Die abgeschnittenen runden Stücke obenauf setzen und servieren.

Tikki Aloo

Diesen traditionellen Snack kennt man aus Nordindien, Bangladesch und Pakistan. Oft wird er gemeinsam mit einem Chutney serviert. *(Macht 12 Bratlinge)*

Zutaten:

Übriggebliebene Pellkartoffeln

Zwei Handvoll Tiefkühlerbsen, gekocht

1 Esslöffel Maismehl

4 Teelöffel Paniermehl (oder mehr) zum Bestreuen

1 Teelöffel rotes Chilipulver

1 Teelöffel Garam masala

1 Teelöffel Ingwer

1 Teelöffel Zitronensaft

3 Teelöffel Öl

Zubereitung:

- Die Kartoffeln zerstampfen.

- Die Erbsen, das Paniermehl, Maismehl, Chilipulver, Garam masala, Ingwer und Zitronensaft hinzufügen und alles verrühren.

- Aus der Masse kleine flache Kuchen formen. Weiteres Paniermehl auf einen Teller schütten und die Kuchen hineindrücken, bis beide Seiten mit Paniermehl bedeckt sind.

- Das Öl in einer beschichteten Pfanne erhitzen und die Kuchen 3 – 4 Minuten auf jeder Seite braten, bis sie goldbraun und durch sind.

- Sie können sie nach dem Panieren zum späteren Gebrauch einfrieren.

Zum Servieren (optional):

Frische Korianderblätter

Tipp

Wenn Sie Speisereste aufwärmen, statt etwas Neues zuzubereiten, verwenden Sie die Mikrowelle, das verbraucht weniger Energie, als den Backofen aufzuheizen.

»Sausage Roast«

Dieses tolle Rezept eignet sich wunderbar für einen kalten Tag. Es eignet sich außerdem hervorragend dafür, übriges Gemüse und die Packung Würstchen aus dem Kühlschrank endlich zu verarbeiten.

für 4 Personen

Zutaten:

- 1 Esslöffel Olivenöl
- 1 kg Süßkartoffeln, geschält und zu Wedges geschnitten
- 1 Packung gemischte Paprika, entkernt und in Stücke geschnitten
- 1 Packung Bratwürstchen
- 1 Esslöffel Kräutermischung
- 2 rote Zwiebeln, geschält und geviertelt
- 4 Knoblauchzehen

Zum Servieren (optional):

Frische Petersilie

Zubereitung:

- Den Ofen auf 200° vorheizen
- Das Olivenöl in einen tiefen Bräter gießen und fünf Minuten im Backofen erhitzen.
- Süßkartoffeln, Paprika und Würstchen in die Bratform geben und gründlich im Öl wälzen. Kräuter hinzufügen und 20 Minuten erhitzen.
- Die geviertelten Zwiebeln und den Knoblauch auf dem Bräter verteilen und weitere 15 Minuten im Backofen erhitzen. Anschließend herausnehmen, Öl darüber gießen und noch einmal 10 Minuten in den Ofen schieben. Wenn die Kartoffeln gar und die Würstchen braun geworden sind, mit gedämpftem Gemüse wie Kohl, Lauch und Brokkoli servieren.

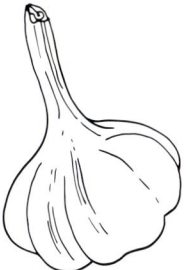

Gemüsetarte aus Resten

Diese köstliche Tarte kann wunderbar aus Gemüseresten von Aufläufen oder ähnlichem zubereitet werden.

für 4 Personen

Zutaten:

1 Rolle Blätterteig
1 geschlagenes Ei
Übrig gebliebenes Gemüse
Ein paar Zweige Thymian
Ziegenkäse

Zubereitung:

- Ofen auf 180° vorheizen

- Blätterteig entrollen und auf der gefetteten Tarte-Form ausbreiten, sachte in die Rillen pressen. Den Rest des Blätterteigs abschneiden, aber einen Rand von etwa 2,5 cm Breite überhängen lassen.

- Die Mitte des Teigs einstechen, damit sie nicht zu sehr aufgeht, und anschließend den Rand mit Ei bestreichen. Ohne Gemüse für ungefähr fünf Minuten backen.

- Das Gemüse auf der Tarte ausbreiten und mit Thymian und Ziegenkäse bestücken.

- 15 Minuten backen, bis die Pastete aufgegangen und goldbraun ist. Mit Salat als Beilage servieren.

Tipp

Wenn Sie nur wenig Zeit haben, beim Heimkommen am Abend jedoch eine warme, nahrhafte Mahlzeit haben möchten, investieren Sie in einen Schongarer (Slow Cooker). Es bedeutet Kochen in einem Schritt und einem Topf, und es könnte kaum einfacher sein. Ein Schongarer verbraucht auch weniger elektrische Energie als ein konventioneller Backofen, und durch das längere Kochen bei niedrigen Temperaturen werden preiswertere Fleischstücke zarter. Zudem bringt er den Geschmack der Speise besser zur Geltung. Viele Speisen können in einem Schongarer zubereitet werden, wie z.b. Eintöpfe, Aufläufe und Suppen.

Saisonal essen, regional einkaufen

Lagom leben bedeutet auch, unseren Einfluss auf die Umwelt zu reduzieren. Denken Sie also daran, saisonal zu essen und regionale Lebensmittel einzukaufen oder sie sogar selbst zu ziehen. Listen mit Gemüse der Saison sind online erhältlich – sie unterscheiden sich je nach dem Land, in dem Sie wohnen.

Um Ihnen eine Vorstellung des CO_2-Abdrucks* einiger Nahrungsmittel zu verschaffen: Eine Studie hat herausgefunden, dass Milch- und Fleischprodukte die größte Menge an Kohlendioxid freisetzen. Zurückzuführen ist das auf die Herstellungsmethoden und die erforderliche Tierhaltung. So erzeugen die Produktion und der Verzehr von 1 kg Fleisch dieselbe Menge Kohlendioxid wie eine Fahrt von 80 km mit einem Auto.

* Der CO_2-Abdruck ist die Menge an Kohlendioxid, die als direktes Ergebnis der Aktivitäten einer Einzelperson, Organisation oder Gemeinde in die Atmosphäre entlassen wird. Gehen Sie auf die Seite http://www.uba.co2-rechner.de/de_DE/, um Ihre Auswirkung auf die Umwelt hinsichtlich der Produkte, die Sie kaufen, Ihres Energieverbrauchs, Ihrer Reisegewohnheiten und der Technologie zu berechnen, die Sie einsetzen.

Wenn Sie Nahrungsmittel essen möchten, die regional erzeugt wurden, so können Sie kaum regionaler oder bequemer daran kommen als aus dem eigenen Garten oder von Ihrem Fensterbrett. So können Sie wunderbar Ihren CO_2-Fußabddruck weiter verringern und gesundes Essen in Ihrer Familie fördern. Die positiven körperlichen Einflüsse von Gartenarbeit sind es ebenfalls wert, berücksichtigt zu werden: Gartenarbeit kann ebenso anstrengend sein wie eine Aerobic-Stunde, und die Anstrengung setzt Endorphine frei, die Stress abbauen und den Blutdruck senken.

Wenn Sie in einer Wohnung ohne Garten leben, muss Sie das nicht abhalten, selbst Obst, Ge-müse oder Kräuter zu ziehen. Blumenkästen oder Blumentöpfe auf einem Fensterbrett können ausreichen, um ein paar Euro beim Gemüseeinkauf zu sparen, insbesondere, wenn Sie Salat und Kräuter immer abgepackt kaufen. Schrebergärten und Garteninitiativen sind eine weitere Möglichkeit, Ihren grünen Daumen zu entwickeln und eigene Produkte anzubauen.

Blattsalat und Kräuter können in der Küche gezogen werden (vor direkter Sonneneinstrahlung schützen), und Sie das ganze Jahr über mit frischen Blättern versorgen. Überlegen Sie einmal, wie viel Sie im Lauf des Jahres für Salat ausgeben! Zudem schmeckt in den eigenen vier Wänden gezogener Salat am besten und reduziert Ihren CO_2-Abdruck hinsichtlich des Verbrauchsmateri-als – denken Sie an die Kosten für Anbau, Vertrieb und Einfrieren von Nahrungsmitteln, die Sie kaufen und die Sie stattdessen selbst ziehen können!

Fangen Sie an,
eigenen Kräuter zu ziehen

Leere Rollen von Toilettenpapier sind ideale Behälter für die Aufzucht von Feldfrüchten aus Samen, insbesondere Kopfsalat – »Tom Thumb« und Baby-Eichblatt sind gut für den Anbau in der Wohnung geeignet.

Falten Sie das eine Ende der Rolle nach innen, sodass nichts auslaufen kann. Füllen Sie den Behälter zur Hälfte mit Kompost und befeuchten Sie diesen mit Wasser, dann fügen Sie noch ein wenig Startmischung bei, bevor Sie in jeden Behälter jeweils ein Samenkorn geben. Bedecken Sie das Ganze mit Blumenerde und befeuchten Sie es dann mit Wasser. Es ist ratsam, die Töpfe aus den Klopapierrollen auf ein wasserfestes Tablett zu stellen, damit das Gießwasser nicht auf das Fensterbrett oder den Fußboden tropft. Ein sonniges Plätzchen wird den Samenkörnern beim Sprießen helfen, zum Beispiel ein Wintergarten oder ein Fenstersims – so können Sie das ganze Jahr über Salate ziehen. Behalten Sie den Feuchtigkeitsstand Ihrer Pflanzen im Auge, und binnen gerade mal vier Wochen können Sie Ihre erste Salaternte einfahren! Schneiden Sie die äußeren Blätter mit einer Küchenschere ab, und er ist fertig für die Mahlzeit. Wenn Sie Platz in einem Garten oder einige größere Blumentöpfe haben, können Sie die ganze Pflanze – inklusive des Behälters – in den Boden pflanzen. Die Pappe wird die Wurzeln vor Pflanzenschädlingen schützen, bevor sie sich auflöst.

Eigene Kräuter in Marmeladengläsern ziehen

Sie sind nicht bloß dekorativ, sondern es ist auch eine tolle Art und Weise, Ihre eigenen Kräuter auf dem Fensterbrett Ihrer Küche zu ziehen.

Sie benötigen:

Junge Kräuterpflanzen wie Petersilie, Thymian, Basilikum, Oregano, Koriander, Rosmarin, Minze und Schnittlauch (können Sie im Supermarkt oder Gartencenter erwerben)
Einige Marmeladengläser
Blumenerde
Kies
Wasser

Anleitung:

- Reinigen Sie zunächst die Gläser mit Spülmittel im warmen Wasser, dann spülen Sie sie aus und lassen sie zum Trocknen stehen.

- Füllen Sie die Gläser mit Kies, und zwar mindestens 5 cm hoch. Diese Steine sind unbedingt nötig, da sie als Drainage dienen und verhindern, dass Ihre Pflanzen anfangen zu schimmeln.

- Füllen Sie das Glas zu etwa zwei Dritteln mit Blumenerde.

- Holen Sie die jungen Kräuterpflanzen aus ihren Behältern und lockern Sie mit den Fingern die Erde an den Wurzeln. Dann setzen Sie die jungen Pflanzen in die Gläser – eine pro Glas.

- Füllen Sie das Glas bis zum Rand mit Blumenerde auf und klopfen Sie sie rund um die Pflanze fest.

- Dann gießen Sie die Pflanzen und stellen sie auf ein Fensterbrett. Achten Sie darauf, dass sie nicht im direkten Sonnenlicht stehen.

Jetzt können Sie das ganze Jahr über Kräuter genießen, und sie sind gleich bei der Hand, wenn Sie eine Mahlzeit zubereiten.

Kräuter trocknen

Robuste Kräuter wie Dill, Lorbeer, Rosmarin und Oregano lassen sich auf dem Fensterbrett trocknen. Kräuter, die reich an Feuchtigkeit sind, wie Basilikum, Zitronenmelisse und Minze, werden am besten im Backofen getrocknet, damit sie rascher austrocknen und keinen Schimmel ansetzen.

Bevor Sie Kräuter an der Luft trocknen, schneiden Sie alle vertrockneten oder kranken Blätter ab. Schütteln Sie sie sanft, um Insekten zu entfernen, oder spülen Sie sie mit kaltem Wasser und betupfen Sie sie zum Trocknen mit Küchentüchern (nasse Kräuter schimmeln und verrotten). Entfernen Sie etwa zwei Zentimeter weit die unteren Blätter an jedem Zweig. Bündeln Sie vier oder sechs Zweige mit Schnur oder Gummiband und lassen Sie die Bündel auf einem Fensterbrett oder an einer sonnigen Stelle im Haus liegen. Sie können sie sogar mit Wäscheklammern an einer Leine aufhängen. Die Bündel schrumpfen beim Trocknen, und das Gummiband lockert sich. Sehen Sie also regelmäßig nach, ob die Bündel nicht durchrutschen.

Bei kräftigen Kräutern machen Sie die Bündel zum Trocknen kleiner und binden sie mit Schnur oder einem Gummiband wie oben zusammen. Stechen oder schneiden Sie mehrere Löcher in eine Papiertüte. Beschriften Sie die Tüte mit dem Namen des Krauts, das getrocknet werden soll, und hängen Sie das Kräuterbündel umgekehrt in die Tüte. Schließen Sie die Türe eng um das Bündel und verschnüren Sie es. Achten Sie darauf, dass nicht zu viele Kräuter in der Tüte sind. Hängen Sie die Tüte umgekehrt etwa zwei Wochen in einem warmen, trockenen Raum auf und beobachten Sie die Entwicklung. Sehen Sie jede Woche nach, bis die Kräuter trocken und bereit zur Aufbewahrung sind.

Einmal getrocknet, bewahren Sie Ihre Kräuter in luftdicht verschließbaren Behältern an einem kühlen, dunklen Ort auf. Sie sollten bis zu zwei Jahre lang frisch bleiben.

Kompostieren!

Sind Lebensmittel nicht mehr zu retten, versuchen Sie, sie zu kompostieren. Das ist offensichtlich nur möglich, wenn Sie einen Garten oder eine Parzelle haben, aber es gibt so viele Sachen, die sich kompostieren lassen und nährstoffreichen Boden erzeugen, in dem Pflanzen gedeihen.

DER ANFANG DES KOMPOSTIERENS

- Besorgen Sie sich einen Behälter oder bestimmen Sie eine Ecke des Gartens für einen Komposthaufen, der mindestens einen Kubikmeter groß sein muss. Wenn Sie einen Haufen anlegen, seien Sie sich bewusst, dass die Sachen, die Sie dorthin werfen, wilde Tiere anziehen können, also achten Sie darauf, ihn in einiger Entfernung vom Haus und von allen Orten anzulegen, an denen Kinder spielen. Es muss ebenfalls ein Bereich mit guter Drainage und zum Teil sonnig, zum Teil schattig sein.

- Legen Sie eine Schicht Zweige und Äste unter den Haufen, damit die Luft durch das Material zirkulieren kann. Darauf häufen Sie Ihre biologisch abbaubaren Abfälle, grüne und braune*, wie Rasenschnitt, tote Blumen, Mist und Stroh. Schafsmist ist wahrscheinlich der nährstoffreichste Mist, knapp vor Pferdemist. Beides können Sie beim Biobauern oder Pferdehalter finden.

- Folgende Dinge gehören nicht auf den Kompost: Holzkohle oder Asche, die große Menge Schwefel enthalten, Katzen- oder Hundekot – beides kann Krankheitserreger enthalten – sowie Unkraut. Das kehrt nämlich bloß zurück, wenn Sie die Erde wieder austragen. Wenn Sie zudem nicht gerade wild darauf sind, Ratten in ihren Garten zu locken, geben Sie weder Eier noch Fleisch zu der Mischung.

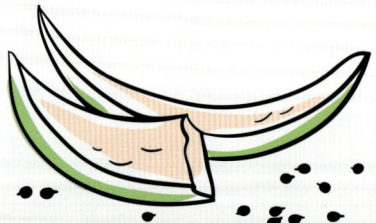

Unkrautfreier und pestizidfreier Rasenschnitt fügt Ihrem Komposthaufen Stickstoff hinzu – mischen Sie ihn jedoch gut unter. So vermeiden Sie Gerüche, verhindern eine schleimige Beschaffenheit und holen das Meiste aus dem Rasen heraus. Lassen Sie die Würmer ans Werk gehen!

Wenn Ihr Komposthaufen auch im Winter aktiv bleiben soll, platzieren Sie den Behälter an einem Ort, wo er viel Sonnenlicht erhält, damit sich der Kompost rasch bilden kann. Alternativ isolieren Sie die Seiten mit Heu, um den Kompost warm zu halten.

Wenden Sie den Komposthaufen alle zwei Wochen um. Dadurch erhalten Sie rascher Ergebnisse. Der fertige Kompost sollte aussehen und riechen wie reiche, dunkle Erde und eine krümelige und keine klebrige Beschaffenheit haben. Kompost erhält man nach etwa sechs bis acht Wochen, es kann aber auch ein Jahr dauern. Je mehr Mühe Sie hineinstecken, desto rascher erhalten Sie Kompost.

Ihr Komposthaufen sollte gut durchfeuchtet sein. Achten Sie also darauf, jede neue Schicht gut anzufeuchten. Lassen Sie einen fertigen Komposthaufen nicht ungeschützt stehen, weil er sonst sämtliche Nährstoffe verliert. Spezielle Kompostabdeckungen, die atmen können, finden sich in jedem Gartencenter.

* ›Grün‹ und ›Braun‹ beziehen sich auf die verschiedenen Dinge, die Sie kompostieren können. Grüne Materialien sind frische, feuchte Dinge (nicht unbedingt von grüner Farbe!) wie Rasenschnitt und Gemüseschalen, wohingegen braune Materialien trockene, ältere Dinge sind wie tote Blätter, Holzspäne und Karton.
Die grünen Dinge sind reich an Stickstoff, während die braunen Dinge reich an Kohlenstoff sind. Ein ausgewogener Anteil von beidem bringt die besten Ergebnisse.

Bauen Sie ein Insektenhotel

Mit diesem einfachen Insektenhotel locken Sie einzelne Bienen und andere Insekten in den Garten. Außerdem ist es eine prima Methode, Dinge wiederzuverwerten, die Sie wahrscheinlich zur Hand haben.

Sie benötigen:

Eine leere Trinkflasche aus Kunststoff, am besten eine 2-Liter-Flasche

Schere

Schnur

Bambusstöcke. Sie müssen hohl sein.

Bauanleitung:

- Schneiden Sie vorsichtig den oberen Teil und den Boden der Flasche ab, so dass eine Röhre bleibt. Oberer Teil und Boden kommen in den gelben Sack.

- Etwa auf der Hälfte der Flasche bohren Sie zwei kleine Löcher im Abstand von 5 cm hinein (groß genug, dass die Schnur durchpasst).

- Schieben Sie die Schnur durch die beiden Löcher und verknoten die Enden. So können Sie Ihr Insektenhotel aufhängen.

- Schneiden Sie Bambusstöcke in Stücke von gleicher Länge. Sie sollen ein paar Zentimeter länger sein als die Flasche. Schieben Sie die Stücke in die Flasche. Sie sollen so dicht gepackt sein, dass sie sich nicht mehr bewegen.

- Anschließend hängen Sie Ihr Insektenhotel waagerecht auf. Suchen Sie sich eine Stelle im Garten, die im Laufe des Tages etwas Sonne abbekommt, ansonsten jedoch windgeschützt ist.

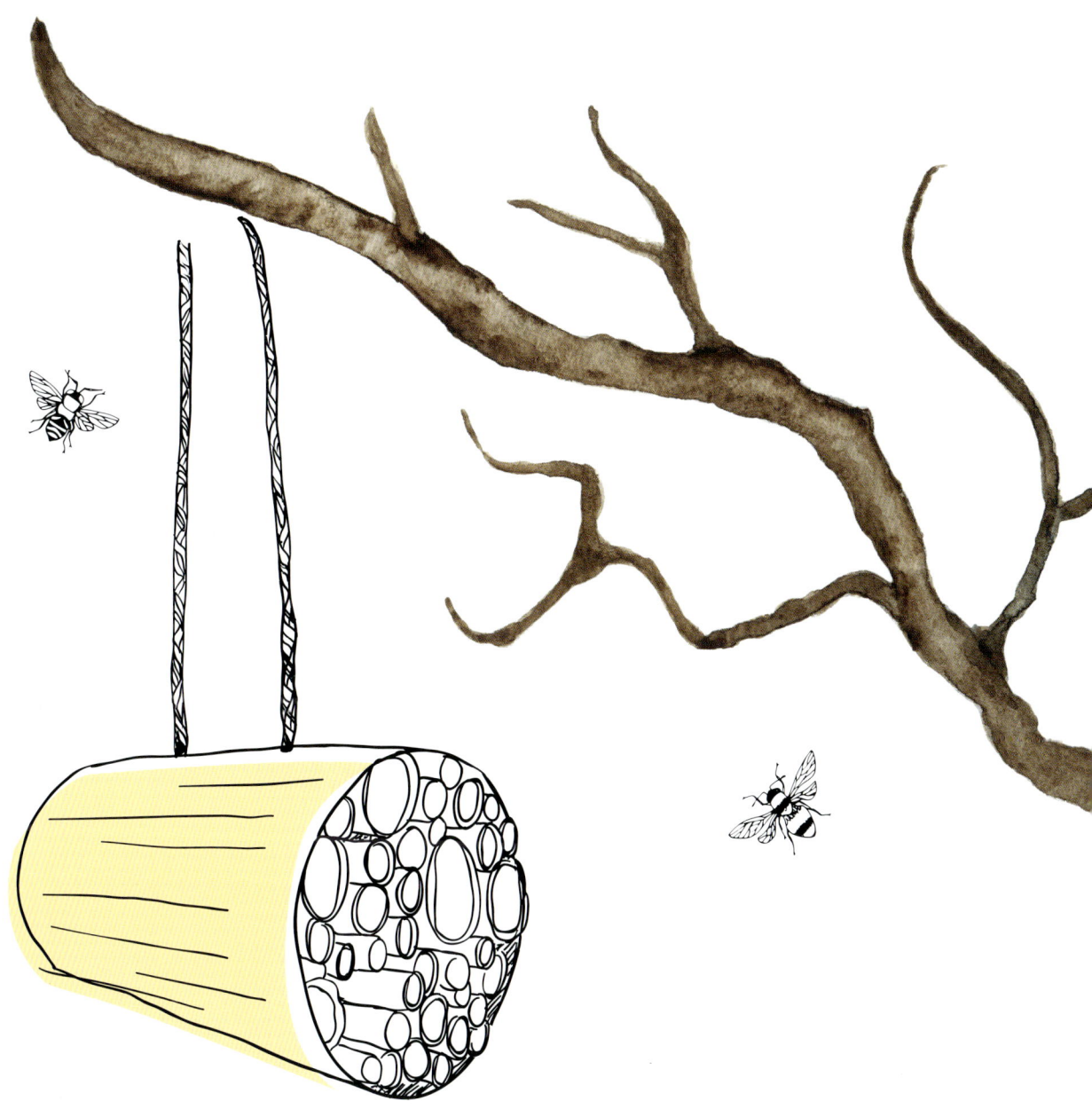

Erstaunlich billige und einfache Ideen zur Abfallveredelung im Garten

- Ein Kniekissen für den Garten. Füllen Sie eine alte Wärmflasche mit Polystyrolschnipseln. Sie ist abwaschbar und macht die langen Stunden im Garten etwas bequemer.

- Aus einer aufgeschnittenen Eisverpackung werden etliche wasserfeste Pflanzenschilder.

- Vorhangstangen, besonders ausziehbare, sind perfekt zum richten hoher Kletterpflanzen. Ziehen Sie die Stange einfach aus, wenn die Pflanze wächst!

- Geben Sie kein Geld für Stützposten aus. Verwenden Sie stattdessen Äste. Sie wirken weitaus weniger auffällig, und es gibt sie noch dazu kostenlos!

- Heben Sie sämtliche Verpackungen von gekauften Lebensmitteln auf – sie können für Setzlinge Verwendung finden. Supermärkte und Gemüsehandlungen werfen regelmäßig Holz- und Kunststoffkisten weg, die großartige Pflanzgefäße ergeben.

- Leergetrunkene Plastikflaschen lassen sich als Schutz der frisch gesetzten Pflanzen vor Schnecken verwenden. Sie müssen einfach den Boden ausschneiden und sie fest in die Erde setzen. Den oberen Teil können Sie entfernen, wenn die Pflanzen etwas weiter entwickelt sind.

- Alte Autoreifen können als Pflanzkübel für Kartoffeln oder Möhren verwendet werden. Das ist umweltfreundlich und effektiv.
  Eine Sand-/Erde-Mischung in einem zwei Reifen tiefen Behälter ergibt wunderschöne gerade Pflanzen, frei von Ungeziefer (Möhrenfliegen können nur etwa 60 Zentimeter hoch fliegen. Wenn die Reifenmauer also hoch genug ist, können sie junge Pflanzen nicht befallen.) Für Kartoffeln pflanzen Sie Setzkartoffeln einen Reifen tief,

mint

warten ab, dass die Pflanzen wachsen, füllen mit Erde auf und fügen weitere Reifen hinzu (bis zu drei Reifen insgesamt). Sobald die Pflanzen geblüht haben, sind die Kartoffeln reif zur Ernte.

- Wenn Sie das nächste Mal eine Tasse Tee trinken, werfen Sie den Beutel nicht weg. Reißen Sie ihn stattdessen auf und verspritzen den Inhalt über den Rasen, als Dünger. Der Inhalt des Kaffeefilters ist ähnlich anwendbar.

- Asche vom Grillfeuer ist, sobald abgekühlt, reich an Kalium für Obstbäume. Streuen Sie die Asche um den Stamm von Obstbäumen, und Sie halten reichlich Ernte.

- Ableger sind mit die beste Möglichkeit, umsonst neue Pflanzen in Ihren Garten zu holen. Wenn ein Nachbar oder Freund eine Pflanze besitzt, die Ihnen gefällt, schneiden Sie einen Ableger ab. Aber bitte vorher fragen!

- Eine weitere Möglichkeit, kostenlos Samen und Setzlinge zu erhalten, ist der Beitritt zur örtlichen Freegle-Gruppe. Dort können Leute ihre überschüssigen Setzlinge und sogar unerwünschtes Gartengerät loswerden: https://www.freecycle.org/ Gibt es inzwischen in vielen deutschen Städten.

TEIL 2

Ausgewogene Ernährung und gute Gesundheit

Es ist wichtig, nicht zu vergessen, dass in Lagom durchaus ein Element von Genügsamkeit liegt. Allerdings geht es nicht um Abstinenz, sondern darum, ein gesundes Gleichgewicht für sich selbst zu erreichen – erinnern Sie sich: ›nicht zu viel, nicht zu wenig, genau die richtige Menge‹. Hinsichtlich der Ernährung und Gesundheit begründet dies eine abwechslungsreiche Ernährung in Kombination mit regelmäßiger Bewegung. Sie dürfen sich also ruhig ab und zu einen Leckerbissen gönnen.

Ausgleichende Lebensmittel

Es gibt Lebensmittel, die als gut fürs Herz, das Gehirn und die Verdauung betrachtet werden – und es gibt Nahrungsmittel, die den Stresslevel steigern oder reduzieren. Eine ausgewogene Ernährung bedeutet, die richtige Menge an Kalorien für Ihr Alter, Ihre Größe und Ihr Geschlecht zu sich zu nehmen und darauf zu achten, dass Sie genügend Proteine, Ballaststoffe und vitaminhaltiges Obst und Gemüse essen, damit Sie eine gesunde Basis für allgemein gute Gesundheit und gute Verdauung haben.

Eine ausgewogene Ernährung macht Sie fit für den Kampf gegen Stress und Krankheit und ist Ausgangspunkt für lang anhaltende Gesundheit.

BLUTZUCKERSPIEGEL STABILISIEREN

Wenn wir unseren Blutzuckerspiegel stabil halten, versorgen wir unseren Körper stetig mit Energie, halten unsere Hormone in Ordnung, und wir fühlen uns glücklich. Wir bekommen eine glänzende Haut, haben einen gleichmäßigen Teint, und wir werfen unsere zusätzlichen Pfunde auf natürliche und mühelose Weise ab. Wenn Ihr Blutzuckerspiegel ständig nach oben und unten geht, wie auf einer Achterbahn, fühlen Sie sich unausweichlich weniger gut, und zudem treten im Lauf der Zeit Gesundheitsprobleme auf. Ein paar einfache, jedoch ganz bestimmte Veränderungen bei Ihrem Lebensstil und Ihren Essgewohnheiten, und Sie haben Ihren Blutzuckerspiegel besser im Griff.

KEINE MAHLZEIT ÜBERSPRINGEN

Es ist wichtig, Ihre tägliche Nahrungsaufnahme über den Tag zu verteilen, angefangen mit dem Frühstück. Der Verzehr von mehr Nahrung bei einer oder zwei Mahlzeiten am Tag verursacht größere Veränderungen im Blutzuckerspiegel. Versuchen Sie stattdessen, drei gesunde Mahlzeiten pro Tag zu sich zu nehmen, dazu zwei nahrhafte Zwischenmahlzeiten wie eine Handvoll Nüsse oder Karotenstücke in Hummusdip, um einen stabilen Blutzuckerspiegel beizubehalten.

GI NIEDRIG HALTEN

GI steht für ›Glykämischer Index‹. Er misst, wie viel Energie ein Nahrungsmittel Ihnen aus dem darin enthaltenen Zucker zuführt. Nahrungsmittel mit hohem GI sind Dinge wie Süßigkeiten und Gebäck, während Gemüse und mageres Protein wie Fisch, Hähnchen und Tofu einen niedrigen GI aufweisen.

Eine Diät mit niedrigem GI kann viele gesundheitliche Vorzüge haben, unter anderem auch Gewichtsverlust, und ist besonders gut zur Stressbekämpfung geeignet. Nahrungsmittel mit hohem GI können zu einer Spitze im Blutzuckerwert führen, der dann rasch wieder abfällt, sodass Sie müde, gereizt und erneut hungrig sind. Die perfekte Formel, sich gestresst zu fühlen. Nahrungsmittel mit niedrigem GI hingegen sind hilfreich, den Blutzuckerwert gleichmäßig hoch zu halten. Dadurch vermeiden Sie diese Tiefpunkte, und Sie fühlen sich ruhiger.

AUSREICHEND GUTE FETTE

Obwohl uns oft gesagt wird, dass eine Diät mit wenig Fetten gesund sei, benötigen wir gewisse Fette für eine optimale Gesundheit. Tatsächlich helfen gewisse Fette dabei, dass Ihr Gehirn und das Immunsystem richtig funktionieren. Achten Sie also darauf, solche guten Fette in Ihre Diät mit aufzunehmen. Dadurch werden auch die negativen Stresseffekte auf Ihren Körper reduziert, sodass er dann besser mit Stress umgehen kann.

Die vier Haupttypen von Fetten sind einfach ungesättigte Fettsäuren, mehrfach ungesättigte Fettsäuren, gesättigte Fettsäuren und Transfettsäuren. Die ersten beiden Typen benötigen Sie bei Ihrer Diät, und sie finden sich in Lebensmitteln wie Fisch, Nüsse, Samen, Olivenöl und Avocados.

SEIEN SIE ACE

Sie sollten viele Nahrungsmittel zu sich nehmen, die reich an den Antioxidantien Vitamin A, C und E sind. Sie helfen dem Körper, reduzieren Entzündungsanfälligkeit und stärken das Immunsystem.

Vitamin A findet sich in Form von Retinol in Produkten wie Fischlebertran und Eigelb. Zu viel Retinol kann jedoch gesundheitsschädigend sein, also gleichen Sie es mit Beta-Karotin aus, das sich hauptsächlich in gelben und orangefarbenen Früchten und Gemüsen wie Möhren, Butternusskürbis und Aprikosen findet. Vitamin C steckt in guten Mengen in Zitrusfrüchten, Brokkoli, Beeren und Tomaten, und Vitamin E findet sich in Nüssen, Samen, Avocados, Olivenöl und Weizenkeimen. Bereichern Sie Ihre Diät mit diesen Nahrungsmitteln, und Sie fühlen sich gesünder und glücklicher.

WENIGER SALZ

Wenn wir unter Stress stehen, verlangt es uns nach Salz, weil unsere Nebennieren erschöpft und außerstande sind, Adrenalin und Cortisol zu produzieren. Daraus resultiert ein Ungleichgewicht hinsichtlich des Salzes, und darum greift man sehr leicht zu salzigen Lebensmitteln – insbesondere, da viele dieser Lebensmittel zugleich fetthaltig und beruhigend sind. Obwohl hohe Salzaufnahme allein den Stresslevel nicht hebt, tun dies die damit einhergehenden Gesundheitsprobleme wie Gewichtszunahme und hoher Blutdruck ganz gewiss. Also schlagen Sie einen weiten Bogen um Salz. Greifen Sie stattdessen zu Obst als kleinem Snack und bereiten Sie Ihre Mahlzeiten lieber aus frischen Produkten zu, denn Fertigmahlzeiten weisen gewöhnlich einen hohen Salzgehalt auf.

EIN SCHUB VITAMIN B

Die B-Vitamin-Gruppe ist besonders wichtig, um ein gesundes Gleichgewicht zu wahren und Stress in Schach zu halten. Unter anderem sind B-Vitamine bei der Kontrolle des Körpers hinsichtlich des Tryptophans wichtig, einer Vorstufe des Serotonin. Zu wenig Tryptophan kann einen Abfall von Serotonin bewirken, was seinerseits zu schlechter Stimmung führt. Die Vitamine, auf die es hauptsächlich ankommt, sind B1, B3, B5, B6, B9 und B12, die allesamt in einer ausgewogenen Diät zu finden sind, insbesondere in Lebensmitteln wie Spinat, Brokkoli, Spargel und Leber. Wenn Sie häufig verarbeitete Nahrungsmittel zu sich nehmen oder Veganer sind, mangelt es Ihnen unter Umständen an gewissen B-Vitaminen. In diesen Fällen kann ein B-Vitamin-Ergänzungsmittel einen ausgezeichneten Effekt haben.

Konsum von Stimulanzien reduzieren

KOFFEIN

Koffein und andere Stimulanzien sollten weitgehend vermieden werden. Viele von uns sind von ihrer ersten Tasse Kaffee am Morgen abhängig, um wach zu werden, oder einer Tasse Tee, damit wir am Mittag weitermachen können, aber diese koffeinhaltigen Getränke, ebenso Cola und Lebensmittel, die Koffein enthalten, wie Schokolade, können auf Ihren Stresslevel einen anderen Effekt ausüben – vielleicht genau den entgegengesetzten Effekt, den Sie sich gewünscht haben!

Ein koffeinhaltiges Getränk kann dazu führen, dass wir uns wacher fühlen, weil es die ersten Stadien der Stressreaktion initiiert und die Produktion von Cortisol steigert. Große Mengen an Koffein können jedoch stressreiche Phasen der Erschöpfung hervorrufen. Hinzu kommt, dass Koffein sehr süchtig machend wirkt, und plötzlich damit aufzuhören, kann Entzugssymptome hervorrufen. Versuchen Sie, Ihren Konsum langsam auf nicht mehr als 300 mg Koffein pro Tag herunterzuschrauben – das entspricht etwa drei Bechern Kaffee oder vier Bechern Tee pro Tag. Um die Lücke zu füllen, experimentieren Sie doch zum Spaß mit der großen Anzahl von Kräutertees, die auf dem Markt sind.

ALKOHOL

Nach einem harten Tag auf der Arbeit greifen viele Menschen zu einem Drink, um sich zu entspannen. Alkohol hat einen sofort beruhigenden Effekt, der jedoch durch seine sedativen Eigenschaften zunichte gemacht wird, ebenso wie durch das Gefühl der Angst, das zurückbleibt, sobald der Effekt nachlässt. Alkohol kann außerdem Ihren Schlaf stören, im Gegensatz zur allgemeinen Vorstellung eines ›Schlummertrunks‹. Versuchen Sie, den Konsum von Alkohol so weit wie möglich herunterzuschrauben, und wenn Sie etwas trinken möchten, bleiben Sie bei einem kleinen Glas Chianti, Merlot oder Cabernet Sauvignon, da die Traubenschalen, die für die Erzeugung dieser Weine verwendet werden, reich am Schlafhormon Melatonin sind. Allerdings sollte die Menge wirklich klein bleiben. Alles nur in Maßen, nicht wahr?

Smoothie aus Roter Johannisbeere

Smoothies sind eine wunderbare Möglichkeit, um einen Überschuss an Obst zu verarbeiten. Außerdem sind Sie auch gesund!
für 2 Personen

Zutaten

240 g rote Johannisbeeren,
   frisch oder tiefgefroren
1 kleine geschälte Banane
5 Esslöffel Schwarzer-Johannis-
   beer-Apfel-Likör
240 g fettarmer Joghurt

Zubereitung:

- Beeren von den den Stielen abstreifen.

- Rote Johannisbeeren, die Banane, den Likör und den Joghurt in einen Rührmixer geben und alles eine oder zwei Minuten auf höchster Geschwindigkeit mischen.

- Bei der Verwendung tiefgefrorener Johannisbeeren wird der Smoothie die richtige Temperatur haben, mit frischen Beeren sollte er jedoch vor dem Verzehr kalt gestellt werden.

Schwedisches Sandwich mit Gravlax

Gravlax (wörtlich ›eingegrabener Lachs‹) ist typisch nordisch und wird oft als Vorspeise gereicht. Dieses Rezepet hier eignet sich hervorragend als kleiner Snack für zwischendurch.

für 4 Personen

Zutaten:

Etwa 1 kg Lachsfilet
1 mittelgroßer Bund Dill,
    grob gehackt
60 g grobkörniges Meersalz
50 g weißer Zucker
2 Esslöffel zerdrückte Pfefferkörner
Brot Ihrer Wahl

Zubereitung:

- Die Hälfte des Lachses mit der Haut nach unten auf ein großes Stück Frischhaltefolie legen. Den Dill mit dem Salz, Zucker und den zerdrückten Pfefferkörnern mischen und auf den Lachs legen. Darauf kommt der restliche Lachs, mit der Haut nach oben.

- Das Ganze fest in zwei oder drei Schichten Folie wickeln und auf ein flaches Tablett legen. Obenauf kommt ein Schneidebrett, um den Fisch festzudrücken. Alles für 2 Tage in den Kühlschrank stellen. In dem Folienpaket bildet sich eine Lake – damit den Fisch beizen, indem die Filets alle 12 Stunden gewendet werden.

- Die Folie entfernen und die überschüssige Flüssigkeit abgießen. Anschließend den Fisch in feine Scheiben schneiden und Brot servieren. Er passt perfekt zu Salat und hartgekochten Eiern auf Roggenbrot.

Welche Menge wovon pro Tag?

Ungeachtet einer gesunden Diät ist es nicht gut für Sie, zu viel oder zu wenig zu essen – Ihr Ziel ist ›genau die richtige Menge‹. Im Folgenden also die Portionen, die ein durchschnittlicher Erwachsener für sein notwendiges Nahrungsbedürfnis täglich zu sich nehmen sollte.

Stärke – 6–8 Portionen täglich
Eine Portion sind: 20 g Frühstücksflocken, eine Scheibe Brot oder Toast, zwei kleine Kartoffeln oder 80 g Nudeln oder Reis.

Protein – 2 Portionen täglich
Eine Portion sind: zwei Eier, eine kleine Dose Baked Beans oder Kichererbsen, eine Handvoll Nüsse, 70 g Puten- oder Hähnchenschnitzel, 140 g Fisch, zwei Quorn-Würstchen.

Kalzium – 2 Portionen pro Tag

Eine Portion sind: ein kleiner Joghurt oder Hüttenkäse (oder das entsprechende Sojaprodukt), ein Glas Milch (Soja), 25 g Hartkäse, eine Handvoll Trockenfrüchte.

Obst und Gemüse – mindestens 5 Portionen pro Tag

Eine Portion sind: ein mittelgroßes Stück Obst oder Gemüse, eine Handvoll Bohnen, Hülsenfrüchte oder Trockenfrüchte, ein Obst- oder Gemüse-Smoothie (ca. 150 ml).

Fett – beschränken Sie sich, wenn möglich, auf eine Portion pro Tag und streben Sie an, nur jeden zweiten Tag eine Portion zu sich zu nehmen.

Essen Sie Kuchen, aber essen Sie nicht den ganzen Kuchen (zugegeben, fällt schwer!).

Wenn Ihnen das nächste Mal der Sinn nach einem zuckerhaltigen Snack steht, halten Sie inne und überlegen Sie, wie Sie sich fühlen. Die Menschen wenden sich oft dem Essen zu, um sich zu beruhigen oder mit stressreichen Situationen klarzukommen. Erkennen Sie, dass Sie nach etwas zu essen suchen, von dem sie glauben, es würde Ihnen Befriedigung verschaffen. Setzen Sie sich und geben sich diesem Verlangen völlig hin. Sich einer Sache bewusst zu werden, kann das Verlangen oft überwinden. Vielleicht brauchen Sie dieses Stück Schokolade ja gar nicht!

Wässern Sie sich

Dehydrierung als solche wird Ihre Ruhe nicht stören, aber wenn Sie bereits unter Stress und Anspannung zu leiden haben, wird sie Ihren Zustand sehr wohl verschlimmern. Wenn Sie zu Panikanfällen neigen, ist es besonders wichtig, nicht zu dehydrieren. Dadurch erhöht sich nämlich die Chance, einen Anfall zu bekommen, wie zum Beispiel Kopfschmerzen, Schwindelgefühle, Muskelschwäche und ein beschleunigter Herzschlag. Die European Food Safety Authority empfiehlt 1,6 l Flüssigkeit pro Tag für Frauen und 2 Liter für Männer, also gewöhnen Sie sich an, stets eine Flasche Wasser dabei zu haben und regelmäßig zu trinken, um nicht zu dehydrieren. Vergessen Sie nicht, dass Heißgetränke, Fruchtsäfte und feste Nahrung ebenfalls Wasser enthalten und so zur täglichen Flüssigkeitsmenge beitragen.

Liebe dein Leben,
jede einzelne Minute.

JACK KEROUAC

Finden Sie die Bewegung, die Ihnen guttut

Ist Ihnen je aufgefallen, wie gut Sie sich fühlen, wenn Sie schwimmen waren, einen flotten Spaziergang unternommen oder gejoggt haben? Das liegt an der Freisetzung der ›Glücks-‹Chemikalien, Endorphine und Dopamine, und der Reduktion der Stresshormone Cortisol und Adrenalin. Untersuchungen zufolge kann nur 20 Minuten Bewegung ihre Stimmung für 12 Stunden anfeuern. Die folgenden Tipps sollen Ihnen helfen, sich in Bewegung zu setzen und die stimmungserhellenden Vorzüge regelmäßiger Bewegung zu erleben.

EINEN SPAZIERGANG MACHEN

Gehen ist eine so einfache Form der Bewegung und lässt sich leicht in ihren Alltag integrieren. Obwohl nicht so fettverbrennend wie zum Beispiel Laufen oder Kampfkünste, werden Sie dennoch fitter und gesünder, wenn Sie einen Spaziergang in Ihre Alltagsroutine einbauen, und Sie werden weniger Gefühle der Angst erleben, da es Ihren Körper bei der Produktion von Serotonin unterstützt.

SCHWIMMEN

Schwimmen ist eine der besten Formen der Bewegung, sowohl hinsichtlich eines Ganzkörpertrainings, weswegen Sie aus den richtigen Gründen anschließend erschöpft sind, als auch hinsichtlich der Möglichkeit, sich zu entspannen und abzuschalten. Das rhythmische Klatschen des Wassers bei jedem Zug und die Konzentration auf Ihre Technik und Atmung machen daraus eine wirklich großartige Methode, Ihre Gedanken vom Stress des Alltags abzulenken. Hinzu kommt die Tatsache, dass das Treiben im Wasser eine wunderbar entspannende Erfahrung ist und einfach zu einem Ausflug ins Schwimmbad mit dazugehört. Ein perfektes Rezept zur Entspannung.

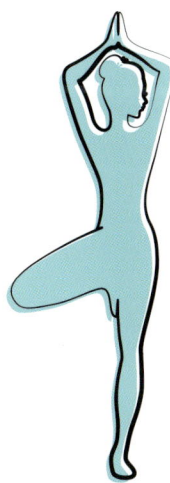

YOGA

Yoga ist eine uralte Form von Übungen und stammt aus Indien. In den letzten Jahren ist es sehr populär geworden, und das aus gutem Grund. Nicht nur, dass Yoga eine sanfte Form der Bewegung ist, die Sie dabei unterstützt, dass Sie sich ruhiger fühlen, sondern es kann auch sehr gut dazu beitragen, Stress aus dem Körper freizulassen. Yoga kombiniert Bewegungen mit Atmung, sodass das Bewusstsein auf das konzentriert ist, was der Körper tut. Diese physische Konzentration hilft ihm, sich zu entspannen und nicht mehr an die Sorgen des Alltags zu denken. Warum also nicht einen Kurs besuchen oder sich im Internet Anleitung holen?

Yogapositionen, die Sie in Ihren Alltag integrieren können

 Wenn Sie irgendwo stillstehen müssen, ist die Bergposition ideal. Einatmen: Waden und Oberschenkel spannen, fester Rumpf. Brustbein anheben. Ausatmen: Schultern absenken, Schulterblätter zusammen.

Die Halbe Vorwärtsbeuge kräftigt den Rücken und stimuliert zugleich die Bauchorgane. In die Ganze Vorbeuge kommen. Einatmen und dabei den Oberkörper parallel zum Boden heben. Handfläche leicht gegen Schienbeine oder Oberschenkel legen. Beim Ausatmen Oberkörper wieder entspannt absenken.

Die Planke kräftigt Arme und Schultern. In der Bauchlage die Hände neben die Schultern setzen. Hochstemmen, dabei gestreckt bleiben, atmen. Fersen parallel. Diese Position jeden Tag etwas länger halten, um Kraft aufzubauen.

Den ganzen Körper kräftig in Herabschauender Hund dehnen. In die Brettposition kommen. Einatmen. Beim Ausatmen das Steißbein Richtung Himmel heben. Von den Händen nach hinten schieben, Nacken zum Boden bringen.

Der Ausfallschritt dehnt Hüftbeuger und Oberschenkelmuskulatur. In den Vierfüßlerstand gehen. Einatmen: Linken Fuß zwischen die Hände bringen, Zehen und Fingerspitzen auf einer Höhe. Ausatmen: Hüfte sinken lassen, rechts Bein gestreckt. Wiederholen mit der anderen Seite.

Der Krieger I ist eine Balance- und Kraftübung. Den linken Fuß nach vorn bringen zum Ausfallschritt. Einatmen: Oberkörper ausrichten, rechtes Bein strecken. Ausatmen: Gesäßmuskulatur anspannen, um den unteren Rücken zu stützen. Einatmen: Arme hoch bringen, über den Kopf strecken. Wiederholen mit der anderen Seite.

Krieger II stellt den Kontakt zur inneren Stärke her. In die Bergposition kommen. Einatmen: Linken Fuß nach hinten setzen. Ausatmen: Rechtes Knie beugen. Einatmen. Ausatmen: Rechten Arm nach vorn strecken, linken nach hinten. Position halten, solange man die Kraft hat. Für die andere Seite wiederholen.

Der Stock dehnt die Oberschenkelrückseite und verbessert die Haltung. Ins Sitzen kommen. Einatmen: Gesäßmuskulatur – falls nötig – mit den Händen vom Steißbein wegziehen, um die Sitzhöcker auf der Matte zu spüren. Ausatmen: Rücken strecken, Handflächen auf den Boden setzen. Verbindung zur Erde spüren.

Die sitzende Vorwärtsbeuge bringt Energie in Fluss. In den Stock kommen. Einatmen: Arme über den Kopf strecken. Ausatmen: Aus der Hüfte nach vorn beugen, Rücken bleibt gestreckt. Hände aufs Schienbein, am Knöchel oder an den Zehen ablegen, je nach Beweglichkeit, atmend in dieser Position verweilen, solange man sich wohlfühlt.

Mit der Kuhposition wird die Beweglichkeit der Wirbelsäule verbessert. Einatmen: Steißbein zum Himmel richten, Bauchnabel Richtung Boden sinken lassen, Kopf heben. Ausatmen: Kopf in den Nacken legen, gen Himmel blicken.

In der Katzenposition fließt Energie im Rückgrat. In den Vierfüßlerstand kommen. Einatmen. Ausatmen: Hüfte nach vorn bringen, Rücken nach oben wölben, zum Bauchnabel schauen. Position halten und weiteratmen. In die Ausgangsposition zurückkehren. Diese Übung so oft wiederholen, wie sie guttut.

Die Brücke setzt emotionale Energie aus der Hüfte frei. In die Rückenlage gehen. Einatmen. Ausatmen: Beine beugen, Füße anstellen. Einatmen: Hüfte abheben. Weiteratmen. Position so lange halten, wie man sich damit wohlfühlt.

Einfach atmen

Ein einfache Übungsmethode, damit Ihr Körper sich entspannt, ist eine bewusste, tiefe Atmung. Sie lässt sich zu jeder Tageszeit anwenden, ob vor dem Schlafengehen, als Erstes am Morgen oder an Ihrem Schreibtisch im Büro. Die Übung ist einfach: Schließen Sie die Augen und konzentrieren Sie sich auf Ihren Atem. Denken Sie nur an Ihren Atem und wie es sich anfühlt, wenn er in Ihren Körper ein- und ausströmt. Sobald Sie sich Ihrer Atmung völlig bewusst sind, versuchen Sie, tiefere Atemzüge zu nehmen. Zählen Sie beim Einatmen bis sechs, dann beim Ausatmen ebenfalls bis sechs. Bleiben Sie fünf Minuten lang völlig auf Ihre Atmung konzentriert. Wenn Sie diese Übung in Ihre tägliche Routine einbauen, wird sie sehr viel zu Ihrer Entspannung beitragen.

Ausgeglichenes Bewusstsein

Für viele von uns ist Stress etwas ganz Gewöhnliches, und wir tendieren dazu, damit zu leben. Aber es gibt ein paar einfache Methoden, Stress zu reduzieren, wenn Sie nämlich die Ursache für Ihren Stress identifizieren und kontrollieren. Stress beeinflusst Menschen in vielerlei Hinsicht, und wenn Sie nichts dagegen tun, kann er einen sehr negativen Effekt auf Ihren Lebensstil haben. Mit der richtigen Menge an Druck erreichen wir unsere Ziele und halten Deadlines ein, bei einem Übermaß an Stress fühlen wir uns jedoch müde, gereizt und sogar sehr unwohl. Als Individuen haben wir alle unterschiedliche Bedürfnisse und somit auch unterschiedliche Stressfaktoren in unserem Leben. Während es mehrere allgemeingültige Faktoren gibt, die bei allen Menschen Stress verursachen, kennen wir uns selbst am besten und können herausarbeiten, was uns persönlich am meisten zusetzt. Vielleicht ist es die Fahrt zur Arbeit, die Sie stresst, oder ein Anruf bei der Bank. Warum nicht mit dem Rad zur Arbeit fahren oder mit jemandem persönlich in der örtlichen Zweigstelle Ihrer Bank sprechen? Identifizieren Sie diese einfachen Auslöser und nehmen Sie kleine Veränderungen vor. Das ist der erste Schritt in Richtung eines stressarmen Lebens.

POSITIVES UND NEGATIVES DENKEN

An manchen Punkten unseres Lebens befinden wir alle uns in einer schwierigen Situation, aber es ist der Umgang damit, und nicht die Situation selbst, die den größten Einfluss auf unseren Stresslevel hat. Eine großartige Methode, Probleme in einem anderen Licht zu betrachten, ist die, etwas Positives im Negativen zu finden.

Das kann anfangs sehr schwer fallen, insbesondere in Situationen, die einen starken und lang andauernden Einfluss auf Ihr Leben ausüben. Jedoch lässt sogar ein nur kleiner positiver Aspekt uns mit einer Situation leichter umgehen. Vielleicht haben Sie Ihre Arbeit verloren, aber das Positive daran ist, dass Sie sich für die Karriere umschulen lassen können, die Sie immer schon angestrebt haben. Oder es ist vielleicht eine Beziehung zu Ende gegangen, aber das Positive daran ist, dass Sie jetzt frei sind und jemanden finden können, der besser zu Ihnen passt, und damit eine hellere Zukunft haben. Es ist nicht immer so leicht, aber ein solcher Wechsel der Perspektive kann sehr befreiend sein.

TRETEN SIE KÜRZER!

Das Erste, was Sie tun müssen, um eine gesündere Haltung sich selbst gegenüber auszubilden, ist, einfach etwas kürzer zu treten. Viele von uns leben unser Leben in immer rascherem Schritt und versuchen, eine ganze Spannbreite an Verpflichtungen, angefangen bei der Arbeit bis hin zur Familie und zu Beziehungen, irgendwie ins Gleichgewicht zu bringen. Das kann zu Stressgefühlen und Frustrationen führen, wenn wir gezwungen sind, innezuhalten, zum Beispiel, wenn wir in einer Schlange anstehen. Kämpfen Sie dagegen an, indem Sie diese Momente, wenn Ihr Bus Verspätung hat oder wenn Sie im Stau stehen, dazu nutzen, etwas Entspannendes zu tun, wie tief ein- und auszuatmen oder Musik zu hören.

HAVE A GIGGLE

Das alte Sprichwort sagt uns: »Lachen ist die beste Medizin«. In vielerlei Hinsicht stimmt das. Ein Lachen hilft dabei, sich entspannter zu fühlen – es lockert Anspannung, und wir fühlen uns glücklicher, was wiederum dazu beiträgt, besser mit schwierigen Situationen umzugehen, die das Leben uns bietet.

Um sich etwas zu entspannen, sehen Sie sich Ihre Lieblings-Comedy-Sendung an oder eine lustige Website. Sie können sogar ein paar Freunde einladen und einen Abend mit Filmkomödien ansetzen oder einander lustige Geschichten erzählen.

MEDITIEREN

Meditiert wird schon seit Jahrhunderten in vielen Kulturen auf der ganzen Welt. Yoga und Tai-Chi werden beide als ›Meditation in Bewegung‹ beschrieben, was zeigt, dass diese Praktik viele Formen hat. Sie müssen nicht unbedingt im Schneidersitz auf dem Boden sitzen und Mantras summen, obwohl Sie es tun können, wenn es Ihnen hilft.

Einfach ausgedrückt ist Meditieren eine Methode, das Bewusstsein zur Ruhe zu bringen und sich die Zeit für Stille zuzugestehen. Wenn Sie Anfänger im Meditieren sind, ist es am besten, Sie sitzen bequem da, halten den Rücken gerade und die Hände mit den Handflächen nach oben im Schoß. Schließen Sie die Augen und konzentrieren Sie sich auf einen Ihrer anderen Sinne, wie zum Beispiel das Gehör. Wenn Ihre Gedanken zu wandern beginnen, führen Sie sie sanft zurück auf den ausgewählten Sinn. Fünf bis zehn Minuten dieser Übung kann einen gewaltigen Unterschied für Ihren Tag bedeuten.

Tipp

KREATIVES VISUALISIEREN

Kreatives Visualisieren ist eine Technik, die von vielen als Mittel benutzt wird, buchstäblich zu ›sehen‹, wo Sie sein wollen, damit Sie eine Chance haben, das Endziel zu erreichen. Man lässt sich leicht vom Gedanken ›Was wäre, wenn‹ abschrecken, den eine Situation in einem aufkeimen lässt, und hier kann das kreative Visualisieren hilfreich sein. Setzen Sie sich auf einen bequemen Stuhl und entspannen Sie sich. Schließen Sie die Augen und konzentrieren Sie sich auf den natürlichen Rhythmus Ihres Atmens. Als Nächstes bauen Sie ein Bild in Ihrem Kopf auf, wie ein glücklicheres, zufriedeneres Sie-Selbst aussehen und sich verhalten würde. Wo sind Sie? Wer ist an diesem glücklichen Ort an Ihrer Seite? Erfassen Sie jedes Detail und genießen Sie, wie es sich anfühlt. Während Sie daran arbeiten, glücklicher mit Ihrem Leben zu werden, tragen Sie dieses geistige Bild als Inspiration mit sich.

Affirmation

Eine Affirmation ist ein positiver Satz, den Sie einsetzen, damit negative Ansichten in positive überführt werden. Affirmationen funktionieren gut, wenn sie niedergeschrieben und wenn sie laut ausgesprochen werden. Eine positive Affirmation, die Ihnen hilft, Ihre Haltung stressigen Situationen gegenüber zu verändern, könnte lauten:

»Ich fühle mich im Gleichgewicht und bin glücklich.«

Oder:

»Ich löse meine Probleme rasch und effektiv.«

Es ist wichtig, dass die Affirmation sich auf das positive Ergebnis konzentriert, das Sie erzielen wollen, und nicht auf die negative Möglichkeit, die Sie zu vermeiden suchen, und dass sie im Präsens aufgeschrieben oder ausgesprochen wird.

TEIL 3

Ein gesundes Gleichgewicht zwischen Arbeit und Leben

So viele von uns führen ein hektisches Leben, eilen von einer Verpflichtung zur nächsten, sei es auf der Arbeit, in der Familie, den gesellschaftlichen Aktivitäten, beim Studium usw., sodass wir beständig das Gefühl haben, Fangen zu spielen und persönliche Bedürfnisse hinten herunterfallen. Eine der angenehmen Seiten von Lagom ist, dass es zu einem langsameren Lebensstil ermutigt. In diesem Teil sehen wir, wie wir die Prinzipien von Lagom anwenden, um ins Gleichgewicht zu kommen, indem wir Platz für das ›Ich‹ schaffen und das Leben vereinfachen, sodass nur das darin vorhanden ist, was Ihnen auch etwas bedeutet.

Lagom auf der Arbeit

Gestatten Sie sich, einen Augenblick lang tagzuträumen, sich Ihren idealen Arbeitsplatz vorzustellen und sich dabei folgende Fragen zu stellen:

Sehen Sie ihn in einem Büro oder zu Hause, oder würden Sie lieber Ihre Zeit zwischen beiden Umgebungen aufteilen?

Würde Ihnen eine Teilzeitbeschäftigung dabei helfen, an Projekten zu arbeiten, von denen Sie träumen?

Wäre eine freiberufliche oder flexible Tätigkeit das Beste?

Haben Sie das Gefühl, zu viel zu arbeiten?

Wie können Sie die Arbeit mit Ihren Wertvorstellungen und Bedürfnissen ins Gleichgewicht bringen?

Führen Sie ein Brainstorming durch und sehen Sie, wie Sie Ihr Arbeitsleben an Ihre Bedürfnisse angleichen können. Vielleicht kommen Sie zum Schluss, dass weniger arbeiten vernünftig ist, aber Sie müssen dann mit einem knapperen Budget zurechtkommen – in diesem Fall müssen Sie einen Plan aufstellen, was Sie realistisch gesehen zum Leben brauchen, und dann sehen, ob es tatsächlich funktionieren kann.

Arbeitswoche vereinfachen

Fängt Ihr Tag mit guten Absichten und einer Liste von Dingen an, die erledigt sein wollen, nur damit Sie am Ende des Tages entdecken, dass kaum etwas davon erledigt wurde, weil anderes dazwischengekommen ist?

Stellen Sie sich folgende Fragen:

- Nehme ich mir zu viel vor?

- Nutze ich meine Zeit optimal?

- Bin ich glücklich damit, wie ich meine Zeit verbringe?

Wir alle ertappen uns immer wieder dabei, dass wir uns zu viel vorgenommen haben – oft, weil wir ermutigt werden, uns selbst herauszufordern und Angst davor haben, ›nein‹ zu sagen und dadurch etwas Wichtiges zu verpassen.

In Wirklichkeit ist es so, dass Sie, wenn Sie Ihre Zeit zu knapp bemessen, die Dinge nicht optimal erledigen können, die Ihnen die wichtigsten sind. Zudem sind Sie wahrscheinlich gestresst und vernachlässigen Ihre persönlichen Bedürfnisse.

Werfen Sie einen Blick auf Ihren Tagesplan und unterstreichen Sie die Bereiche, die davon profitieren würden, wenn Sie ihnen etwas mehr Zeit widmen würden. Sehen Sie, wie Sie andere Aufgaben delegieren oder wie Sie eine alternative, effektivere Möglichkeit finden können, sie zu erledigen.

VERGLEICHEN SIE SICH NICHT MIT ANDEREN

Es ist allgemein üblich, sich mit anderen zu vergleichen, wie zum Beispiel, ob jemand anders einen besseren Job hat, ein größeres Haus, mehr Geld usw. Das lenkt Sie jedoch davon ab, all das Positive in Ihrem Leben zu sehen. Glauben Sie nicht, dass es Sie glücklich macht, anderen nachzueifern. Versuchen Sie, die beste Variante von sich selbst zu sein und die Aspekte Ihres Lebens unter die Lupe zu nehmen, die verbesserungswürdig sind, aber auch zu erkennen und wertzuschätzen, worin Sie gut sind. Jedes Mal, wenn Sie sich dabei ertappen, sich mit einem anderen zu vergleichen, der Ihrer Ansicht nach ›mehr‹ von etwas hat, das Sie haben möchten, oder ein ›besseres‹ Leben führt, denken Sie an das Lagom-Prinzip: Nicht perfekt sein, sondern ›genau richtig‹ für Sie selbst. Denken Sie an alles, was Sie erreicht haben, und erlauben Sie sich, sich gut zu fühlen.

Einige Tipps, sich zu organisieren

Organisiert zu sein, erfordert vorausschauende Planung, und obwohl es schwer fallen kann, sich zu motivieren, sogar zu so etwas Einfachem wie die Auswahl der Kleidung für den nächsten Tag, wenn Sie eigentlich zu Bett gehen wollen, wird Ihr zukünftiges Selbst es Ihnen danken.

- Gehen Sie in einem ruhigen Moment am Wochenende Ihre Verpflichtungen bei der Arbeit, die Aktivitäten in der Familie usw. für die folgende Woche durch, damit Sie wissen, was auf Sie zukommt und Sie nicht auf dem falschen Fuß erwischt werden, wenn Ihr Kind zu einem Kostümfest eingeladen worden ist und sie die einzigen in Alltagskleidung sind!

- Am Abend vor einem Arbeitstag suchen Sie die Kleidung heraus, die Sie am nächsten Tag tragen wollen – achten Sie darauf, dass die Sachen gebügelt sind, suchen Sie Accessoires und Schuhe zusammen (diese vielleicht einmal putzen), und Sie werden entdecken, dass die morgendliche Routine wesentlich einfacher geworden ist.

- Wenn Sie das Bad mit anderen teilen müssen, planen Sie eine bestimmte Zeit für jeden ein, damit Sie nicht wartend und untätig herumhängen. Es mag sich vielleicht etwas militant anhören, wird jedoch Ihren Stresslevel verringern.

- Sobald eine Verabredung getroffen oder eine Besprechung organisiert ist, tragen Sie sie in den Terminkalender ein. Es spielt keine Rolle, ob es ein altmodisches Notizbuch oder das Handy ist.

ZEHN-MINUTEN-TIPPS FÜR DEN MORGEN

Erstaunlich, wie viel Sie aufräumen und erledigen können, bevor Sie Ihren Arbeitstag beginnen. Die folgenden Tipps helfen Ihnen dabei, Ihr Leben zu vereinfachen und einen guten Start zu haben:

- Sehen Sie Ihren Poststapel durch (ja, wir alle haben einen) und öffnen Sie alles. Die Chancen sind groß, dass Sie das Meiste davon wegwerfen können. Wenn es Post ist, die sensible Informationen enthält – Bankdaten, zum Beispiel –, schreddern Sie sie oder investieren Sie in eine Garten-Verbrennungsanlage. Legen Sie alles, was Sie behalten wollen, in einem Akkordeonordner mit beschrifteten Fächern ab: Haus, Arzt, Arbeit, Kinder, Haustier usw.

- Machen Sie alle Ihre Termine auf einen Rutsch: Zahnarzt, Optiker, Arzt, Friseur usw.

- Wählen Sie drei Ihrer Lieblingssongs und räumen Sie Ihren Arbeitsplatz auf, während die Songs laufen – es ist wesentlich einfacher, in einer aufgeräumten und attraktiven Umgebung zu arbeiten, und eine tolle Musik wird Sie für den Tag aufmöbeln

Möglichst einfach mit anderen kommunizieren

Emails – Nehmen Sie sich Emails im Dutzend vor, statt sie zu bearbeiten, wenn sie eintreffen. Einige Leute werden sehr ungeduldig, wenn Sie binnen einer Stunde keine Antwort erhalten, aber lassen Sie sich nicht hetzen. Folgen Sie Ihrem eigenen Tempo, arbeiten Sie ein oder zwei Dinge auf Ihrer To-Do-Liste ab, bevor Sie sich den Emails widmen. Wenn Ihnen das schwerfällt – insbesondere, wenn am Rand Ihres Bildschirms eine Erinnerung auftaucht –, schalten Sie Ihre Emails ab, bis Sie sich ihnen widmen können.

Besprechungen – Schätzen Sie ein, ob eine Besprechung erforderlich ist oder bloß eine Ausrede für einen Kaffee und ein Schwätzchen? Ein Anruf könnte reichen.

Anfragen – Seien Sie kurz und klar in dem, was Sie brauchen, und achten Sie immer auf eine realistische Deadline. Schicken Sie eine Email hinterher, um die Einzelheiten zu verdeutlichen.

Umgang mit schwierigen Leuten – Versuchen Sie, mögliche Probleme gleich im Keim zu ersticken, bevor sie eskalieren. Wenn Sie unangenehmes Verhalten am Arbeitsplatz erfahren, vermeiden Sie nach Möglichkeit eine Konfrontation. Dokumentieren Sie den Vorfall und informieren Sie Ihren unmittelbaren Vorgesetzten.

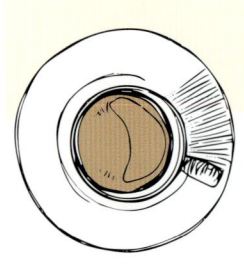
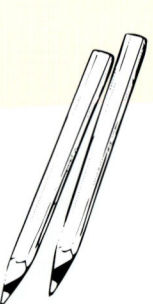

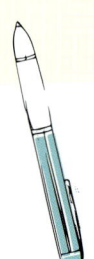

LERNEN SIE, ›NEIN‹ ZU SAGEN

Wir alle möchten gut in unserer Tätigkeit sein, aber man kann sehr leicht in die Gewohnheit verfallen, immer mehr Arbeit anzunehmen und den Druck auf einen selbst stetig zu erhöhen. Die Vorstellung, ›nein‹ zu seinen Vorgesetzten zu sagen, wenn Sie gebeten werden, eine Aufgabe zu beenden, kann beängstigend sein, aber es ist wichtig, keine Sorge zu haben, dass Sie an Respekt verlieren, wenn Sie etwas ablehnen. Vorgesetzte haben Verständnis, dass unsere Arbeitsbelastung uns manchmal nicht erlaubt, zusätzliche Aufgaben und Verpflichtungen zu übernehmen. Sie verlassen sich darauf, dass ihre Angestellten ihnen sagen, wenn und ob sie etwas zusätzlich erledigen können. Die höfliche Ablehnung einer Aufgabe mit der Erklärung, dass Sie nicht imstande sind, sie in der erforderlichen Zeit zu erledigen, wird Ihrem Chef nicht bloß zeigen, dass Sie sich Ihrer Arbeitsbelastung und Ihrer Grenzen bewusst sind, es bedeutet auch weniger Stress für Sie. Wenn Sie immer ›ja‹ sagen, dann bekommen Sie vielleicht zu viel Arbeit aufgebürdet, und es lastet zusätzlich der Druck auf Ihnen, Aufgaben zu spät zu erledigen oder nicht in der gewünschten Qualität, oder Sie müssen Überstunden einlegen, um sie abzuschließen. Das lässt sich leicht vermeiden, wenn Sie einfach darauf achten, was Sie unbedingt erledigen müssen, und ›nein‹ zu sagen, wenn es für Sie erforderlich ist.

Sich Ziele setzen

Bei Lagom geht es darum, Ihr Leben zu entrümpeln und sich auf das zu konzentrieren, was wirklich zählt, und dazu gehören auch Ihre persönlichen Hoffnungen und Träume. Dazu gehört auch, sich Zeit zu verschaffen, sie zu realisieren.

AUSGEGLICHENES DENKEN UND TUN

Für viele ist es ein beständiger innerer Kampf – daran denken, etwas zu tun, anstelle es wirklich zu tun. Es ist wichtig, nach den Dingen zu streben, die wir wollen, und unsere Ziele zu erreichen, aber es gibt nur Eines, was uns daran hindert: Aufschieberitis. Hier die üblichen Ausflüchte:

- ›Dazu habe ich keine Zeit.‹

- ›Es könnte schiefgehen.‹

- ›Wenn ich die Finger davon lasse, kann es jemand anders in Ordnung bringen.‹

- ›Was, wenn ich Erfolg habe, und ich entdecke, dass ich es nicht beherrsche?‹

Wenn es etwas ist, das Sie wirklich tun wollen, dann schieben Sie es nicht auf die lange Bank:

TUN Sie's einfach!

Das Umschalten von Absicht zur Handlung ist ein gewaltiger Schritt. Jetzt heißt es, sich zu motivieren. Häufig ist es leichter, andere in ihren Plänen zu ermutigen, als uns selbst zu motivieren, also kann es sinnvoll sein, Leute zur Unterstützung zu sammeln, wenn Sie sich an Ihre Ziele heranarbeiten. Vielleicht haben Sie Freunde, die eigene Pläne haben? Sie müssen nicht auf dasselbe Ziel zusteuern: Einer ist vielleicht wild darauf, etwas mehr für seine Gesundheit zu tun, während jemand anders einen neuen Job sucht oder den Studiengang wechseln will. Was zählt, ist, dass Sie Zeit für ein regelmäßiges Treffen finden, bei dem Sie einander hinsichtlich Ihrer Fortschritte auf den neuesten Stand bringen. Selbst wenn es nur ein rascher, 15 minütiger Plausch nach der Arbeit oder bei einem Kaffee am Samstagmorgen ist, werden Sie alle sich immer bestärkt von der Begeisterung der jeweils anderen und ihren Ratschlägen fühlen.

Tipp

IMMER WIEDER NEUE HERAUSFORDERUNGEN ANGEHEN

Es benötigt vielleicht jahrelange Geduld und Schufterei, um eine Kunst zu beherrschen, wie zum Beispiel gut zu zeichnen oder eine Fremdsprache zu lernen, aber Studien zeigen, dass die Chance, auf lange Sicht gesehen glücklicher zu sein, wesentlich größer ist, wenn Sie aktiv einer Freizeitbeschäftigung nachgehen oder einen Kurs besuchen. Das Gefühl, sich selbst in einem Kurs oder einer kreativen Arbeit zu verlieren, nennt man den ›Flow‹, und in diesem Zustand liegt, einigen Psychologen zufolge, die wahre Zufriedenheit.

Geld

Machen Sie oft die Entdeckung, dass Ihre monatlichen Ausgaben die Einnahmen übersteigen? Zu wenig Geld zu haben, hängt nicht bloß davon ab, was Sie verdienen, sondern auch davon, wie Sie mit dem Verdienst umgehen. Ihre Ausgaben zu analysieren, sollte Bereiche erhellen, wo Sie sparen können.

- **Kontogebühren:** Suchen Sie sich die Bank mit den geringsten Kontogebühren und überprüfen Sie täglich den Kontostand, um nicht zu überziehen.

- **Ungenutzte Mitgliedschaften:** Zahlen Sie Mitgliedsbeitrag bei einem Fitnessstudio und gehen seltener als einmal pro Woche hin? Kündigen Sie und trainieren Sie zu Hause, kostenfrei.

- **Versicherungen:** Hausrat-, Haftpflicht-, Autoversicherungen. Eventuell Arbeitsunfähigkeitsversicherung. Alles andere ist oft überflüssig.

- **Luxus:** Wir alle haben uns einen Leckerbissen verdient, aber wenn Sie knapp bei Kasse sind, essen Sie nur zu besonderen Gelegenheiten auswärts, oder Sie lassen Ihren täglichen Latte sausen.

- **Auf dem neuesten Stand bleiben:** Begleichen Sie alle Rechnungen sofort und halten Sie Ihre Unterlagen auf dem neuesten Stand. So haben Sie die nötigen Informationen zur Hand, wenn Sie etwas zu beanstanden haben oder Forderungen stellen.

- **Schulden begleichen:** Zahlen Sie Ihre Schulden zurück, bevor Sie Geld auf die hohe Kante legen – die Zinsen, die Sie für zahlen, sind höher als das, was Erspartes einbringt.

- **Staffeln Sie jährliche Zahlungen,** damit sie nicht alle gleichzeitig Ihr Konto belasten. Versuchen Sie, sie auf einen ›guten‹ Monat zu legen, wenn Sie weniger Ausgaben haben.

- **Budget:** Kalkulieren Sie monatlich eine gewisse Summe für Kosten wie zum Beispiel Autoreparaturen oder Ihr Haustier ein.

Tipp

Gehen Sie auf Websites, die Preise vergleichen, und suchen Sie die besten Anbieter von Kreditkarten, Autoversicherungen, Energie usw. Das mag nervtötend sein, erspart Ihnen auf lange Sicht jedoch einiges an Geld. Achten Sie ebenfalls darauf, die besten Bedingungen für Ihr Erspartes und Ihre Bankkonten herauszuhandeln. Sind Sie beihilfeberechtigt oder erhalten Sie ein Stipendium? Vielleicht können Sie sogar diverse Kosten von der Steuer rückerstattet bekommen. Es gibt mehrere nützliche Websites, die unabhängigen finanziellen Rat anbieten und detaillierte Informationen zum Thema ›Finanzen‹ bieten.

Familienaktivitäten

Sind Sie oder Ihre Familienmitglieder allzu aktiv? Springen Sie ständig ins Auto, um ein Kind zu einem Termin zu fahren, ein weiteres zum nächsten und dann haben Sie noch einen für sich? Der Kopf kann einem schwirren, wenn eine Vielzahl von Aktivitäten unter einen Hut zu bekommen sind, und wenn Sie der Meinung sind, es seien zu viele, ist es an der Zeit, einige Regeln aufzustellen. Stellen Sie sich die folgenden Fragen:

- Sind die zahlreichen Aktivitäten eine Quelle des Stresses für Sie?

- Verdienen alle diese Aktivitäten einen Platz auf Ihrem Terminplan?

- Was wäre die genau richtige Zahl von Aktivitäten für Ihre Familie?

Wenn die Antwort auf die erste Frage ein ›Ja‹ ist, schreiben Sie eine Liste der Aktivitäten nieder und überlegen, welche davon Ihnen wirklich wichtig sind. Es ist genau wie auf der Arbeit – wenn Sie zu viel zu tun haben, werden Sie nicht in der Lage sein, Zeit und Energie auf die Dinge zu richten, die Ihnen wirklich wichtig sind. Besprechen Sie sich mit Ihrer Familie und treffen Sie die Entscheidung, dass es nicht mehr als eine Aktivität pro Person und Woche geben darf – ist vielleicht zu wenig oder zu viel –, aber Kompromisse sind der Schlüssel, um die Familienzeit so einzuteilen, dass jeder das tun kann, was ihm oder ihr wichtig ist.

Gesellschaftliche Verpflichtungen

Eine weitere Situation, in der Sie sich oft von Schuldgefühlen motivieren lassen. Vielleicht haben Sie auch das Gefühl, wenn Sie eine Einladung eines oder mehrerer Freunde ablehnen, werden Sie nicht wieder gefragt oder sie halten weniger von Ihnen. In Wirklichkeit werden sie Ihre Aufrichtigkeit und Ihre Fähigkeit, ›nein‹ zu etwas zu sagen, was Sie in Wirklichkeit nicht wollen, zu schätzen wissen. Im Weiteren ein paar Möglichkeiten, wie Sie Ihren gesellschaftlichen Stundenplan entlasten können:

- Unterscheiden Sie bei gesellschaftlichen Verpflichtungen zwischen ›sollte‹ und ›muss‹ - ist es ein ›sollte‹, und sie wollen eigentlich nicht, haben Sie keine Angst, ›nein‹ zu sagen.

- Treffen Sie sich nicht mehr mit Leuten, die Sie stressen. Das kann schwierig sein, wenn es ein Familienmitglied ist, aber Ihre gemeinsame Zeit zu begrenzen, wird hilfreich sein.

- Balancieren Sie Ihre Verpflichtungen aus — entscheiden Sie, wie viel gerade richtig ist. Vielleicht reicht eine gesellschaftliche Verpflichtung aus. Reservieren Sie einen bestimmten Tag pro Woche für ein Treffen mit Freunden oder einer Gruppe.

Zeit vorm Fernseher/Computer

Zu viel Zeit am Computer oder vor dem Fernseher und zu wenig Bewegung ist ungesund. Ein Kind hockt durchschnittlich etwa sieben Stunden pro Tag vor dem Bildschirm, wohingegen es bei Erwachsenen etwa zehn Stunden pro Tag sind. Eine Möglichkeit, die Familie auf Trab zu bringen und vom Bildschirm wegzuholen, besteht darin, Regeln aufzustellen, wie zum Beispiel:

- Die Zeit vor dem Bildschirm stoppen, um ein klares Bild davon zu bekommen, wie viel Zeit Sie und Ihre Familie davor verbringen – verwenden Sie eine App oder schalten Sie die W-Lan-Verbindung nach einer oder zwei Stunden ab. Sorgen Sie dafür, dass die Zeit gut genutzt wird – zum Erledigen von Arbeiten im Haushalt oder zu einem Treffen mit Freunden, statt endlos durch Instagram oder Facebook zu scrollen.

- Bringen Sie die Familie dahin, die Zeit vor dem Bildschirm zunächst um eine Stunde zu verringern. Reduzieren Sie die Zeit allerdings nur nach und nach, wenn Sie einen allgemeinen Krieg vermeiden wollen.

- Setzen Sie Zeit für die Familie an und sorgen Sie dafür, dass Sie alle etwas gemeinsam tun. Es kann so etwas Einfaches sein wie ein Spaziergang durch den Park, Herumkicken im Garten oder ein Gang zum Markt – alles, was die Familie eine Stunde lang beschäftigt. Sie werden entdecken, dass diese Zeitnischen für Sie alle zu etwas Besonderem und Genussvollem werden, selbst wenn einige anfangs etwas knurrig sind.

- Versuchen Sie, die Mahlzeiten gemeinsam einzunehmen – wir müssen alle essen, und es ist der beste Grund, sich gemeinsam hinzusetzen und Ihre Beziehung zueinander zu pflegen. Stellen Sie direkte Fragen, wie zum Beispiel: ›Wie war dein Treffen mit X?‹ ›Was hast du heute am liebsten getan?‹ und bringen Sie das Gespräch in Schwung. Unnötig zu sagen, dass Handys und Tablets am Tisch tabu sind!

Bei Lagom geht es darum, klar Schiff zu machen und sich auf das zu konzentrieren, was wirklich wichtig ist, und was kann wichtiger sein, als Zeit mit denen zu verbringen, die Sie am meisten lieben?

Tipp

Achten Sie genau auf Ihren Medienkonsum, ebenso darauf, was Sie aufnehmen. Denken Sie daran, dass es Sie beeinflussen könnte, wenn Sie vor dem Zubettgehen zum Beispiel noch Nachrichtensendungen anschauen. Lassen Sie Ihre Sorgen außen vor und genießen Sie die letzte Stunde vor dem Schlafengehen. Lesen Sie ein gutes Buch oder unterhalten Sie sich mit Ihrem Partner oder rufen Sie einen Freund an und tratschen Sie etwas.

Schlaf

Die optimale Schlafmenge liegt für die meisten Erwachsen zwischen sieben und neun Stunden pro Nacht, aber jeder ist anders. Sie finden am besten heraus, wie viel Schlaf Sie benötigen, wenn Sie auf Ihren Körper hören. Ungeachtet dessen, ob Sie den empfohlenen Richtlinien entsprechen oder nicht, gilt: Fühlen Sie sich ausgeruht, haben Sie wahrscheinlich genügend Schlaf bekommen, und wenn Sie beständig müde sind, dann ist das ein deutliches Signal, dass Sie nicht genügend Schlaf bekommen haben. Versuchen Sie, immer zu einer bestimmten Zeit zu Bett zu gehen, sodass Sie jede Nacht immer die ideale Menge an Schlaf bekommen.

Entrümpeln Sie vor dem Schlafengehen Ihre Gedanken

Einer der häufigsten Gründe für mangelnden Schlaf ist ein überlastetes Gehirn. Wir alle haben das schon durchgemacht, einige häufiger als andere. Es ist wichtig zu lernen, wie Sie Ihre Sorgen vor dem Schlafengehen wegschieben können. Vielleicht hilft es Ihnen, wenn Sie Ihre Gefühle niederschreiben, sodass Sie entlastet sind – vielleicht können Sie ein Tagebuch schreiben oder eine To-Do-Liste für den nächsten Tag aufstellen. Vielleicht ist für Sie auch ein Gespräch mit einem Freund oder Familienmitglied das Beste zur Beruhigung. Ziel ist es, sich möglichst stressfrei zu fühlen, bevor Sie sich aufs Ohr legen.

Es liegt Ruhe in einem Leben,
das in Dankbarkeit gelebt wird,
eine stille Freude.

RALPH H. BLUM

Drücken Sie die Pausentaste

Das Leben ist kurz, und es ist wichtig, dass Sie Zeit einkalkulieren, um das zu tun, was Ihnen Spaß macht. Planen Sie jede Woche eine gewisse Auszeit ein. Wenn Sie umfangreiche Aufgaben zu erledigen haben, überlegen Sie, ob Sie wirklich alles in Ihrem Terminkalender erledigen müssen. Wird jemand bemerken, dass Sie etwas Gekauftes zur Party mitbringen, statt selbst etwas zuzubereiten? Können Sie die Beaufsichtigung Ihrer Kinder oder andere Verpflichtungen mit Ihrem Freund tauschen, wenn Sie sich bereit erklären, dem anderen gelegentlich ebenfalls diesen Gefallen zu tun? Wenn Sie Kinder haben, engagieren Sie regelmäßig einen Babysitter, falls möglich, oder führen eine Stunde ›Auszeit‹ am Ende jedes Schultags ein, damit alle abschalten können.

Sobald Sie eine regelmäßige Zeit für sich gefunden haben, vergessen Sie nicht zu planen, was Sie in dieser Zeit tun wollen, denn sonst gehen Sie wieder ziellos herum und machen sich an die Hausarbeit oder schreiben Emails.

Seien Sie dankbar dafür, was Sie haben

Fangen Sie mit einem täglichen Dankbarkeits-Tagebuch an. Listen Sie sämtliche positiven Dinge in Ihrem Leben auf – von den kleinen Dingen, die Ihnen ein Lächeln entlocken, wie die Aussicht aus Ihrem Fenster, bis hin zu größeren Dingen, wie Ihre Gesundheit oder Familie. Am Abend listen Sie drei Dinge auf, für die Sie im Tagesverlauf dankbar gewesen sind, und Sie werden sich bald ganz natürlich auf die positiven Seiten konzentrieren.

Außergewöhnlicher Spaß für die ganze Familie mit Verpackungsmaterial

Diese Aktivitäten sind nicht bloß kreativ, machen nicht nur Spaß und sind auch noch umsonst, sondern sind auch eine wunderbare Herausforderung in Sachen Nachhaltigkeit, an der sich die ganze Familie beteiligen kann.

▷ BASTELN SIE EINE PAPPHÖHLE!

Aus der bescheidenen Pappschachtel kann der Stoff werden, aus dem die Träume sind. Von Piratenschiffen und Katzenhotels bis hin zu Märchenschlössern und Doppeldeckerbussen – alles, was Sie brauchen, ist etwas Vorstellungskraft, jede Menge Pappkartons und Klebeband! Für ein Piratenschiff wie das auf dem Foto benötigen Sie einen großen Pappkarton. Schneiden Sie Oberteil und eine Seite ab, sodass der Karton oben und an einer Seite offen ist. Machen Sie aus den abgeschnittenen Teilen den Bug, also den vorderen Teil des Schiffes. Formen Sie sie zu einem großen V und befestigen es mit Klebeband am Hauptteil. Dann verzieren Sie die Außenseite mit Bullaugen sowie einem Schädel mit gekreuzten Knochen. Wenn Sie noch einen Pappkarton zur Verfügung haben, stellen Sie daraus eine Flagge her, indem Sie ein Stück Karton an einem Bastrohr befestigen. Last, but not least, können Sie ein Stück Karton zusammenrollen und als Fernrohr verwenden.

▽ TREPPENRUTSCHE

Hierfür benötigen Sie einen sehr großen Pappkarton – zum Beispiel die Verpackung einer Waschmaschine oder dergleichen – und bauen daraus eine erstaunliche Treppenrutsche. Drücken Sie den Karton flach und kleben Sie die Pappe mit Kreppband an der Treppenwand fest. Für eine sanfte Landung stapeln Sie Kissen und Decken am unteren Treppenabsatz. Jetzt kann der Spaß beginnen!

MURMELBAHN

Das ist vielleicht der größte Spaß, den Sie mit Pappröhren haben können – natürlich, nachdem Sie sie als improvisierte Lichtschwerter verwendet haben. Nach Weihnachten gibt es sie gewöhnlich im Überfluss, und es ist einfach zu schade, sie wegzuwerfen.

Schneiden Sie die Röhren in drei gleich lange Stücke, dann schneiden Sie sie der Länge nach auf, sodass Sie jetzt halbrunde Rinnen haben. Anschließend befestigen Sie diese an einer Pinnwand oder einem dicken Stück Karton. Bei der Pinnwand verwenden Sie Stecknadeln, beim Karton eine Heißklebepistole. Es ist wichtig, die Rinnen sanft geneigt anzubringen, und sie müssen einander überlappen, sodass die Murmeln bis ganz nach unten rollen können. Werden Sie kreativ und überlegen Sie sich, wie Sie die Rinnen auch anders anbringen können!

TEIL 4

Bringen Sie Ihre Bedürfnisse mit der Umwelt in Einklang

Lagom zu denken, lädt Sie dazu ein, die Bedürfnisse der Umwelt ebenso zu berücksichtigen wie die Ihrer örtlichen Gemeinschaft und darüber hinaus. Es gibt viele Möglichkeiten, wie Sie Ihren Anteil dazu beitragen können, und dieser Abschnitt bietet Ihnen alle möglichen Ideen, um Sie zu inspirieren. Überlegen Sie nur einmal, wie anders die Welt wäre, wenn wir alle positive Veränderungen vornehmen würden!

Seien Sie die Veränderung, die Sie herbeiführen möchten

Abgesehen von den Vorschlägen im vorangegangenen Abschnitt dieses Buchs, wie Sie Energie und Wasserverbrauch reduzieren und Essensabfälle vermeiden können, folgen hier ein paar weitere einfache Methoden, um einen Unterschied herbeizuführen.

LASSEN SIE DAS AUTO ZU HAUSE

Wenn Sie das nächste Mal zu einem Ort müssen, der keine paar Kilometer entfernt ist, holen Sie nicht den Wagen heraus, sondern gehen sie zu Fuß oder fahren Sie mit dem Rad dorthin. Lagom ermutigt zu einem langsameren und gesünderen Lebensrhythmus, und dies ist eine der leichtesten Übungen, sich diesen Ethos zu eigen zu machen. Nicht nur, dass Sie schädliche CO_2-Emissionen vermeiden, wenn Sie das Auto daheim lassen, sondern Sie bewegen sich körperlich, und die Wahrscheinlichkeit ist höher, dass Sie Bekannten über den Weg laufen, daher ist der soziale Aspekt ebenfalls ein positiver!

MACHEN SIE URLAUB AUF ›BALKONIEN‹

Geben Sie das Versprechen ab, im Urlaub nicht mehr in die Ferne zu schweifen und irgendwohin zu fliegen. Sie werden nicht bloß Ihren CO_2-Fußabdruck bedeutend verringern – Flüge hin und zurück von Europa in die USA fügen Ihrem CO_2-Fußabdruck 3 – 4 Tonnen hinzu –, sondern Sie werden auch Geld sparen.

VERZICHTEN SIE AUF PAPIER

Wir alle erhalten jede Menge Post, aber wie viel davon brauchen wir wirklich? Es gibt einfache Methoden, Papierpost zu verringern, wie zum Beispiel, Rechnungen online begleichen, ein Online-Konto einzurichten und Kataloge abzubestellen. Besorgen Sie sich Bücher und Zeitschriften aus der öffentlichen Bibliothek – das Beste daran ist, es kostet nicht viel!

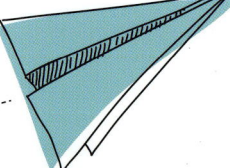

▷ VERWENDEN SIE WENIGER KUNSTSTOFF

Wir alle wissen vom Einfluss des Kunststoffs auf das Wildleben, insbesondere auf Meerestiere*. Im Folgenden ein paar einfache Tipps, wie Sie den Gebrauch von Plastik reduzieren können:

- Verwenden Sie Stofftaschen anstelle von Plastiktüten.
- Verwenden Sie wiederverwendbare Flaschen/Gefäße, wie Thermostassen, und einen Henkelmann oder eine Frühstücksbox aus Metall anstelle einer aus Kunststoff.
- Verwenden Sie keine Plastiktüten zum Transport von Obst und Gemüse.
- Nehmen Sie Besteck zur Arbeit mit, statt Plastikbesteck zu verwenden, wenn Sie sich Ihre Mittagsmahlzeit im Supermarkt besorgen.

* Wenn Sie einen Tag am Wochenende frei zur Verfügung haben, bieten Sie Ihre Hilfe zum Säubern eines Strands an, damit Sie aus erster Hand sehen können, wie viel Müll an Land gespült wird, angefangen von großen Kunststoffbehältern bis hin zu winzigem Granulat, wie es in der pharmazeutischen Industrie Verwendung findet und von Meerestieren aufgenommen wird.
Weitere Informationen finden Sie zum Beispiel auf http://www.eoca.de/.

ÜBERLEGEN SIE, BEVOR SIE ZUM TAKE-AWAY GREIFEN

Kaffee wird immer populär sein, aber diese Pappbecher, die Sie für Ihren Take-Away-Kaffee bekommen, enden als Müll – rund 2,5 Milliarden, und nur einer von 400 wird recycled*. Das sind eine Menge Becher. Leisten Sie Ihren Beitrag und bitten Sie den Barista, den Kaffee in einen wiederverwendbaren Becher zu füllen, statt einen Wegwerfbecher zu benutzen. Einige Coffee Shops geben Ihnen Rabatt, wenn Sie das tun, aber die Vorstellung, dass Sie nichts zum Müll in der Landschaft beitragen, reicht doch völlig aus, oder?

* laut ›Friends of Earth‹

Seien Sie nett

Etwas für andere zu tun, ist nicht nur eine großartige Möglichkeit, sich von den eigenen Sorgen abzulenken. Es verschafft einem auch ein gutes Gefühl. Eine kürzlich erschienene Studie besagt, dass diejenigen, die freiwillig und selbstlos etwas tun, länger leben, und Altruismus steht auch mit festeren und glücklicheren Beziehungen in Zusammenhang.

BEKÄMPFEN SIE EINSAMKEIT

Helfen Sie mit, die geradezu epidemische Einsamkeit zu bekämpfen, und verbringen Sie eine gewisse Zeit mit einem älteren, vereinsamten Menschen in Ihrer Umgebung. Vielleicht haben Sie einen Nachbarn, der nicht viel Besuch erhält, oder dessen Familie zu weit entfernt lebt, um regelmäßiger Teil seines Lebens zu sein. Bieten Sie ihm an, kleine Dinge zu erledigen, wie den Garten zu pflegen oder Einkäufe zu tätigen.

HHELFEN SIE OBDACHLOSEN

Bieten Sie Ihre Mithilfe in einem Obdachlosenheim an, vielleicht bei der Zubereitung und der Ausgabe von Mahlzeiten, oder spenden Sie Decken, warme Kleidung wie Mäntel, Wollsocken und feste Schuhe.

WERDEN SIE SPONSOR*

Wenn Sie regelmäßig etwas spenden möchten und bestimmte Interessen haben, suchen Sie nach Möglichkeiten, einer Wohltätigkeitsorganisation etwas zu spenden oder Sponsor zu werden. Sie können Überlebenden eines Kriegs helfen, wenn Sie zum Beispiel eine Frau bei der Ausbildung von Fähigkeiten unterstützen, wie sie ihre Familie durchbringen kann. Oder Sie sponsern ein Heim für Flüchtlingskinder, damit diese ausreichend Nahrung und Schutz erhalten. Im Internet finden sich zahllose Möglichkeiten.

* Einer Untersuchung zufolge kann Geld Glück kaufen, aber nur, wenn Sie es jemand anderem geben. Es ist eine Win-Win-Situation nicht nur deshalb, weil Sie jemand anderem das Gefühl verleihen, etwas Besonderes zu sein, sondern weil Sie sich selbst gut fühlen!

MELDEN SIE SICH ZU WORT

Ihre Stimme zählt. Wenn Ihnen etwas Besonderes auf der Seele liegt, das Ihren Wohnort betrifft, schreiben Sie Ihrem Abgeordneten und drängen Sie ihn zu handeln. Richten Sie Online-Petitionen für Themenbereiche ein, in denen Sie sich stark fühlen.

Seid nett zueinander!

> Eine einzige Freundlichkeit schlägt
> Wurzeln in alle Richtungen, und die Wurzeln
> treiben aus und bilden neue Bäume.

AMELIA EARHART

Es sind die kleinen Dinge, die am meisten bedeuten können. Das fängt an bei einem Anruf und hört bei einem überraschenden Blumenstrauß nicht auf. Das Beste dabei ist, dass es ein gutes Gefühl ist, jemandem Gutes zu tun. Im Folgenden eine Liste kleiner, jedoch wichtiger Freundlichkeiten, die Sie in Ihren Alltag einbinden können:

- Rufen Sie einen Verwandten oder einen alten Freund für einen netten Plausch an.

- Bieten Sie jemandem im Bus oder in der Straßenbahn Ihren Sitzplatz an.

- Bieten Sie einem Kollegen eine Mitfahrgelegenheit zur/von der Arbeit an.

- Seien Sie geduldig.

- Machen Sie jemandem ein Kompliment: Es wird dem Betreffenden den Tag verschönern.

- Verschenken Sie Blumen oder Gemüse aus Ihrem Garten oder backen Sie einem neuen – oder auch einem alten – Nachbarn einen Kuchen!

- Schreiben Sie einen Brief – es ist so viel netter, einen handgeschriebenen Brief zu bekommen, als eine Email.

- Denken Sie an die Geburtstage Ihrer Freunde – schicken Sie Ihnen eine Karte oder laden Sie sie zum Essen ein.

- Heben Sie Abfall auf der Straße auf, statt daran vorbeizugehen. Die Leute werden es bemerken und hoffentlich Ihrem Beispiel folgen.

- Hat jemand seine Sache gut gemacht, sagen Sie es ihm.

- Bringen Sie Ihren Lieben morgens ein Getränk ans Bett.

- Halten Sie jemandem die Tür auf.

- Sagen Sie Ihre Lieben mal wieder, wie sehr Sie sie lieben.

- Bringen Sie gesunde Leckerbissen für Ihre Kollegen auf der Arbeit mit – keinen Kuchen mehr!

- Leihen Sie jemandem ein Buch oder eine DVD, die der Betreffende Ihrer Ansicht nach schätzen wird.

- Sprechen Sie ermunternde Worte, wenn jemand niedergeschlagen ist.

- Seien Sie ein guter Zuhörer.

Verschenken Sie ein wenig Zeit

Ihre Zeit anzubieten, ist eine wunderbare Weise, sich in Ihrem Wohnort einzubringen und Ihr Können und Ihre Energie zu teilen. Im Folgenden ein paar Möglichkeiten, wie Sie das tun können:

HELFEN SIE AN DER SCHULE IM ORT

Kinder benötigen Rollenmodelle und Menschen, die sich um ihr Leben und ihr Verhalten kümmern. Ob Sie sich als Lesemutter (oder -vater) betätigen, ob Sie in der Klassenpflegschaft Feste oder andere gemeinschaftliche Aktivitäten organisieren, vielleicht bei Ausflügen mit dabei sind oder mithelfen, den Schulhof oder Schulgarten in Schuss zu bringen – Ihre Bemühungen werden anerkannt und geschätzt. Viel mehr noch, Sie können etwas investieren, das sich in der Zukunft auszahlt.

ORGANISIEREN SIE EINEN WOHLTÄTIGKEITSBASAR

Wenn Sie einen Sinn fürs Geschäftliche haben, überlegen Sie sich doch, einen Wohltätigkeitsbasar zugunsten einer (örtlichen) Wohltätigkeitsorganisation abzuhalten. Fast jeder Haushalt hat elektronische Geräte, Mobiliar, Kleidung oder auch Spielzeug, das er nicht mehr benötigt und daher spenden kann. Diese Sachen haben ihren Wert und können durch diejenigen, die sie wieder verwenden, recycled werden.

HELFEN SIE IN EINEM GEMEINSCHAFTSGARTEN MIT

In etlichen Städten gibt es bereits sogenannte Gemeinschaftsgärten, das heißt, ein Stück Land wird von mehreren Personen bewirtschaftet. Suchen Sie unter diesem Stichwort im Internet nach Möglichkeiten, Ihrem grünen Daumen Geltung zu verschaffen und andere, gleichgesinnte Menschen kennenzulernen.

WERDEN SIE GRUPPENLEITER BEIM ÖRTLICHEN SPORTVEREIN

Fast jeder Bereich in einem Sportverein ist auf ehrenamtliche Helfer angewiesen. Sehen Sie auf den offiziellen Websites nach, welche Vereine was anbieten und ob etwas für Sie in Frage kommt. Das kann eine Fußballmannschaft oder eine Radsportgruppe sein, je nach ihren Vorlieben.

Nehmen Sie jemanden in die Arme!

Eine kräftige Umarmung ist die rascheste Art und Weise, das Glücksgefühl zu steigern, weil es den Fluss des Oxytocins unterstützt, das Ihr Nervensystem beruhigt und Blutdruck und Stresslevel senkt. Es kann nicht schaden, die Person, die Sie in die Arme nehmen wollen, zu kennen, weil Sie ansonsten eine nicht so ganz glückliche Reaktion bei zufälligen Fremden hervorrufen können!

Schluss

Wir hoffen, dass dieses Buch Ihnen ein paar Ideen verschafft hat, wie man ein Lagomer werden kann, und dass wir Sie davon überzeugt haben, dass ›lagom‹ nicht bloß das nächste Modewort ist, sondern ein Lebensstil, den Sie annehmen können, um einen echten Unterschied in Ihrem Leben, der Gemeinde und der Umwelt zu erreichen. Was könnte anziehender sein, als Ihr Leben zu vereinfachen, alles Überflüssige abzustreifen und ›genug‹ von allem zu haben, was Sie zu einem ausgeglichenen und glücklichen Leben brauchen?

Quellen

ADFC ALLGEMEINER DEUTSCHER FAHRRAD-CLUB E.V.

https://www.adfc.de/

Setzt sich für die Interessen der Radfahrer in Deutschland ein. Bietet auch Nichtmitgliedern viele Informationen.

EDEN PROJECT

http://www.edenproject.com/visit/before-you-visit/deutsch

Zitat Website:

»Wir sind eine weltweit anerkannte ökologische Touristenattraktion in Cornwall. Hier können Sie über eine Million Pflanzen aus aller Welt bewundern, während Sie durch unsere Innen- und Außengärten spazieren.«

PAPIER MACHT SCHULE

http://www.papiermachtschule.at/papierproduktion/papier-und-nachhaltigkeit/

Green Energy und Recycling

GEMEINSCHAFTSGÄRTEN

https://anstiftung.de/urbane-gaerten/gaerten-im-ueberblick

Zitat Website:

»Urbane Gemeinschaftsgärten haben viele Namen und unterschiedliche Formen: Am bekanntesten sind die Interkulturellen Gärten, deren »Prototyp« Mitte der 90er Jahre in Göttingen entstand. Hier ist das gemeinsame Gärtnern Ausgangspunkt für den Austausch von Menschen aus unterschiedlichen Herkunftskulturen.«

FREEGLE

https://www.freecycle.org/browse/DE/Germany

Zitat Website:

Es geht um das Verschenken (und Suchen) von Dingen in der eigenen Stadt und der Nachbarschaft. Was die eine nicht mehr benötigt und damit Abfall ist, könnte des anderen Schatz sein.

BUND

https://www.bund.net/

Deutsche Abteilung von »Friends of the Earth«

LIVE LAGOM PROJECT IKEA

http://www.ikea.com/gb/en/ikea/ikea-live-lagom/

(Seite nur auf Englisch)

NATIONAL GEOGRAPHIC

http://www.nationalgeographic.de/

OXFAM

https://www.oxfam.de/

»Für eine gerechtere Welt. Ohne Armut.«

SPORT

Geben Sie den Suchbegriff »Sportbund« in die Suchmaschine ein, und Sie finden auch für Ihre Region den passenden Kontakt.

WORLD WILDLIFE FUND (WWF)

http://www.wwf.de/

Zitat Website:

»Die Mission des WWF: Bewahrung der biologischen Vielfalt – ein lebendiger Planet für uns und unsere Kinder.«

Unterschriftensammlungen:

CUPIFESTO

www.environmentalpaper.eu/cupifesto

Für eine Welt ohne Wegwerfbecher

GRACE COMMUNICATIONS FOUNDATION

www.gracelinks.org

Tipps zum Energie- und Wassersparen

Websites auf Deutsch sind unter dem Stichwort »Energiesparen« zu finden

LIVE LAGOM PROJECT IKEA

www.ikea.com/gb/en/ikea/ikea-live-lagom/